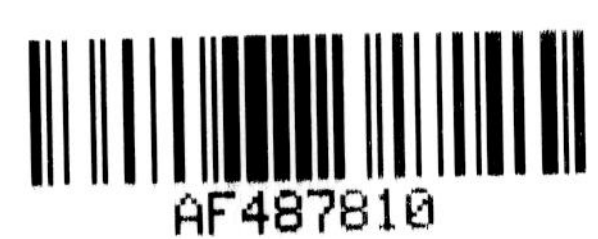

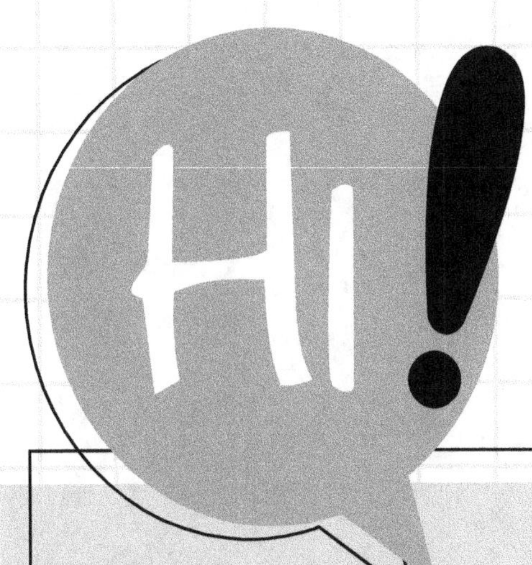

♥= MY NAME IS...

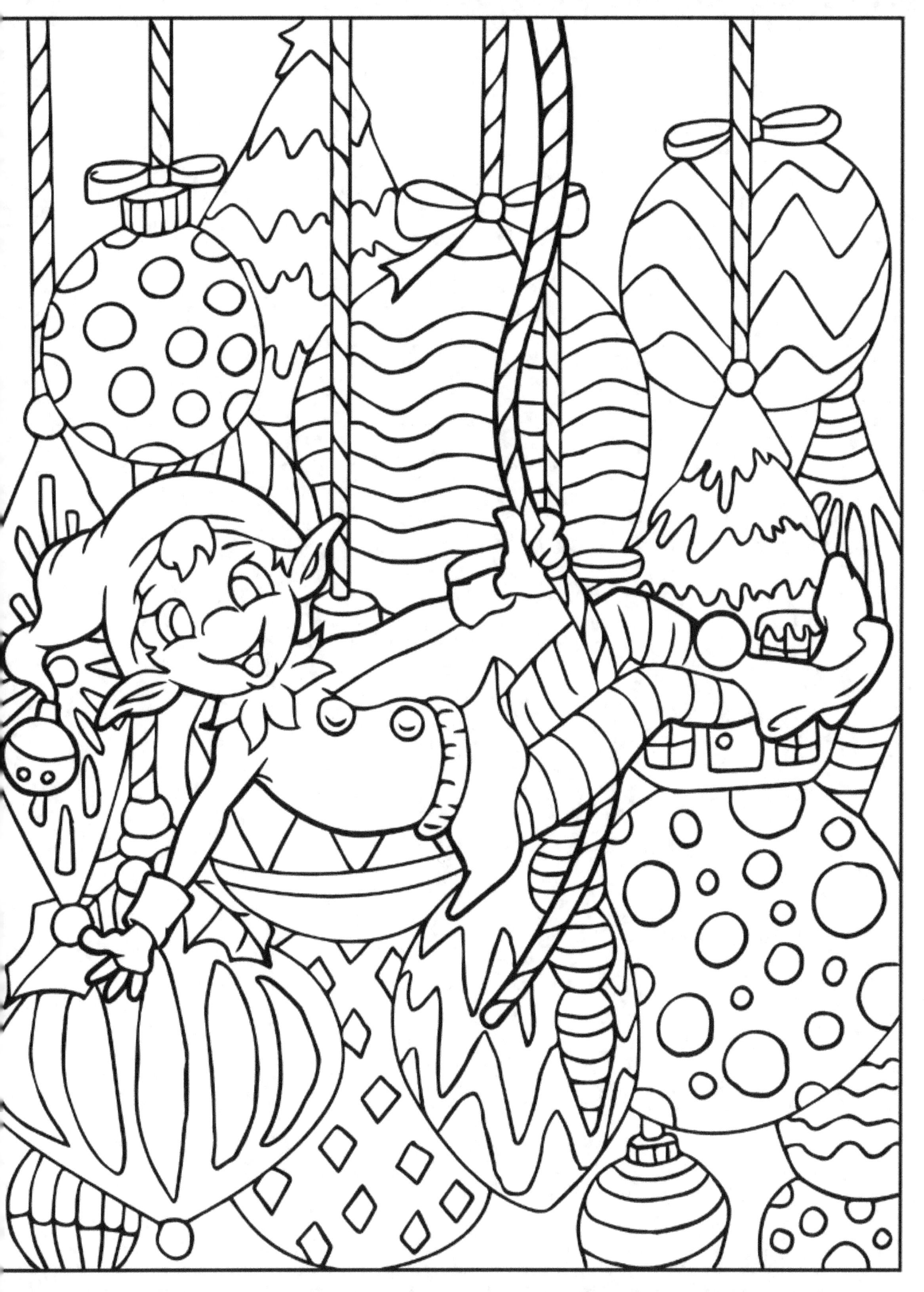

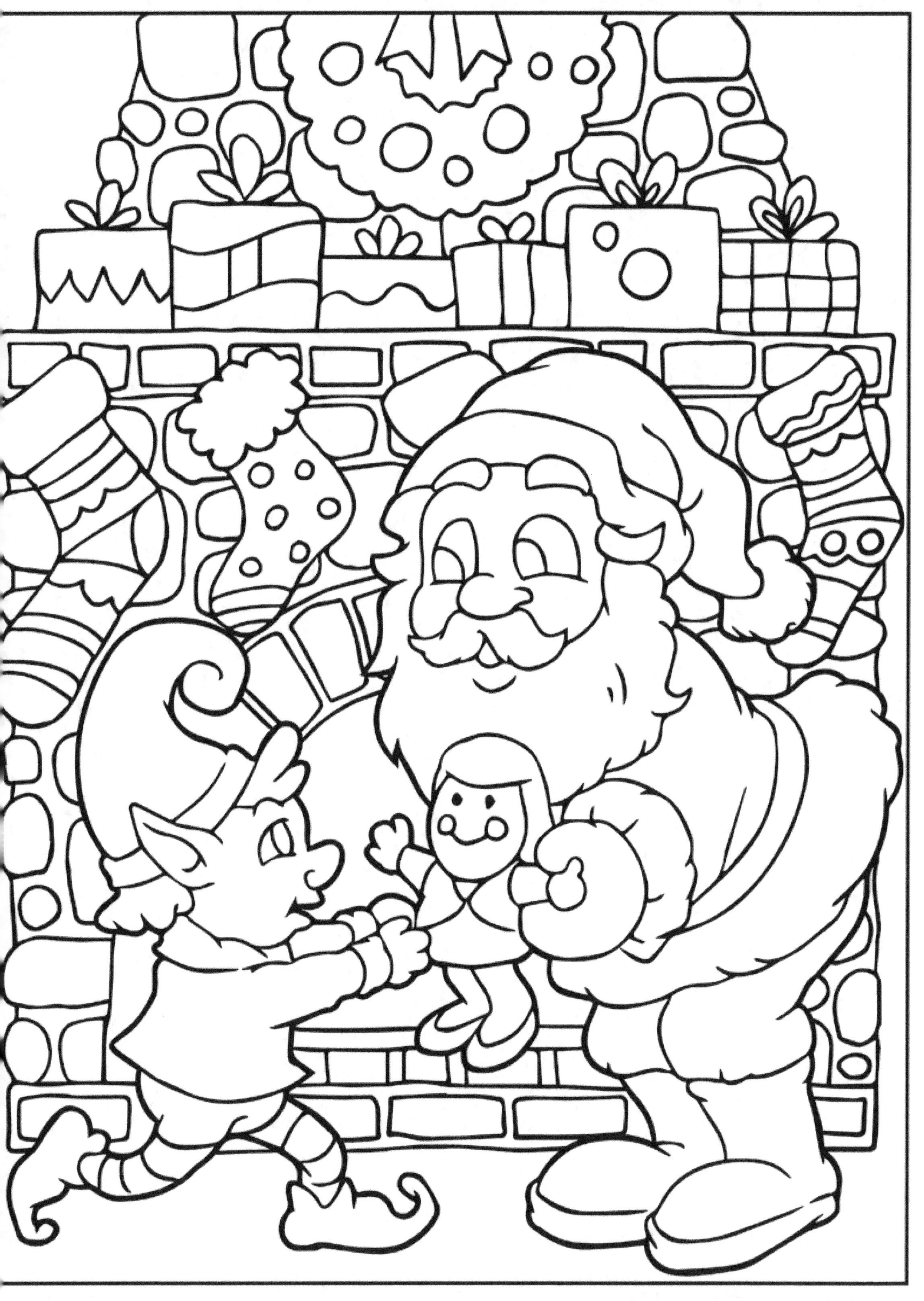

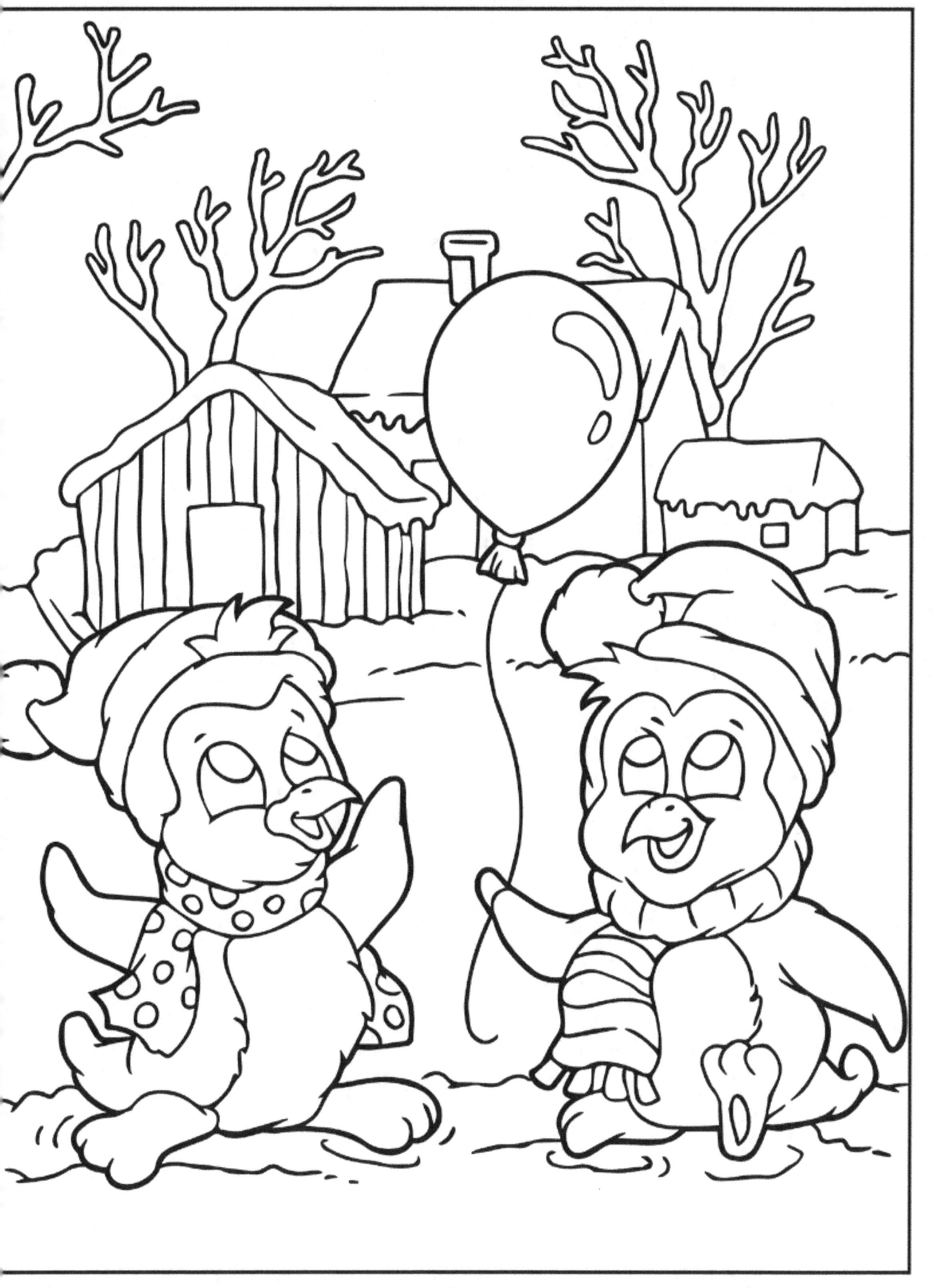

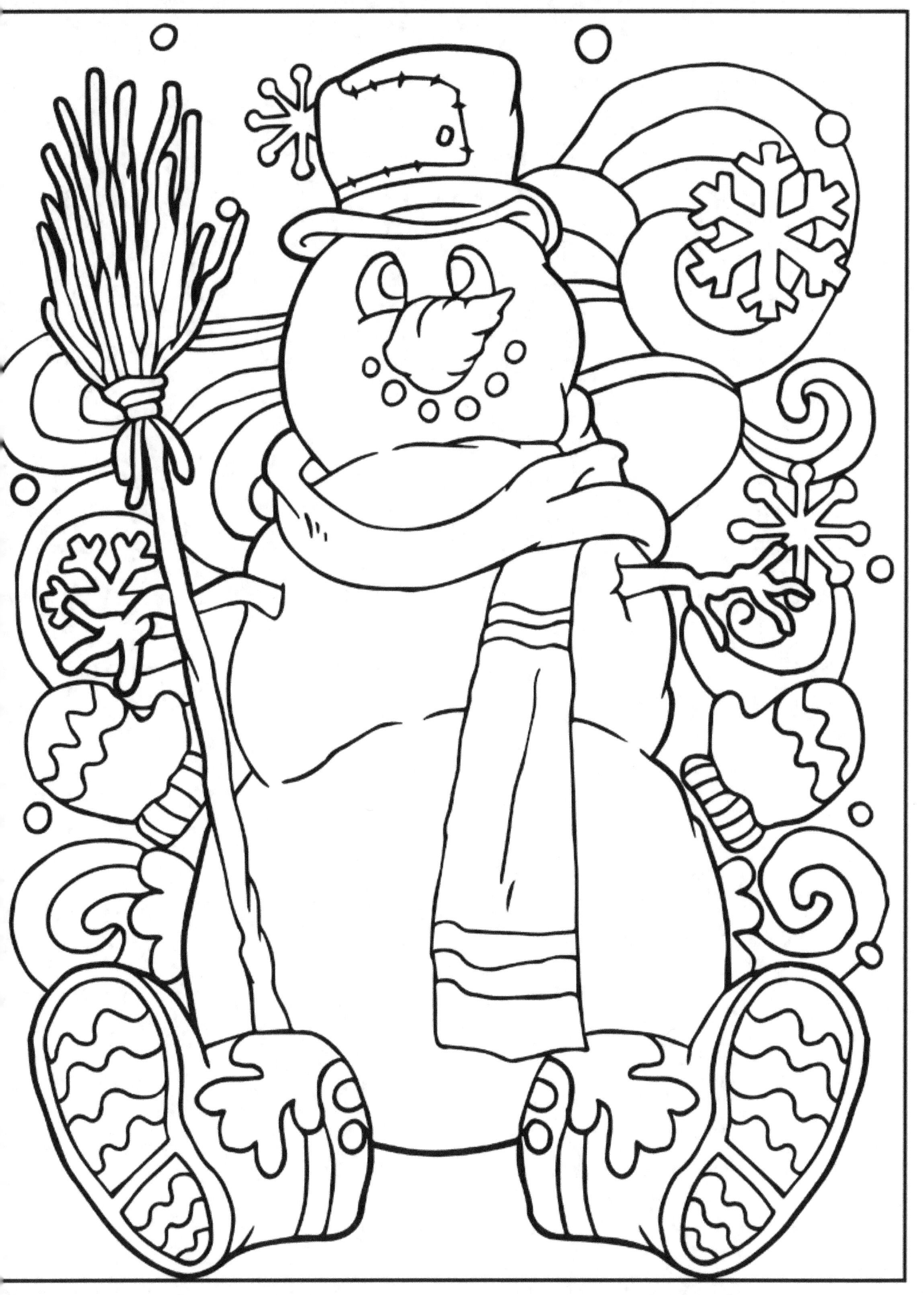

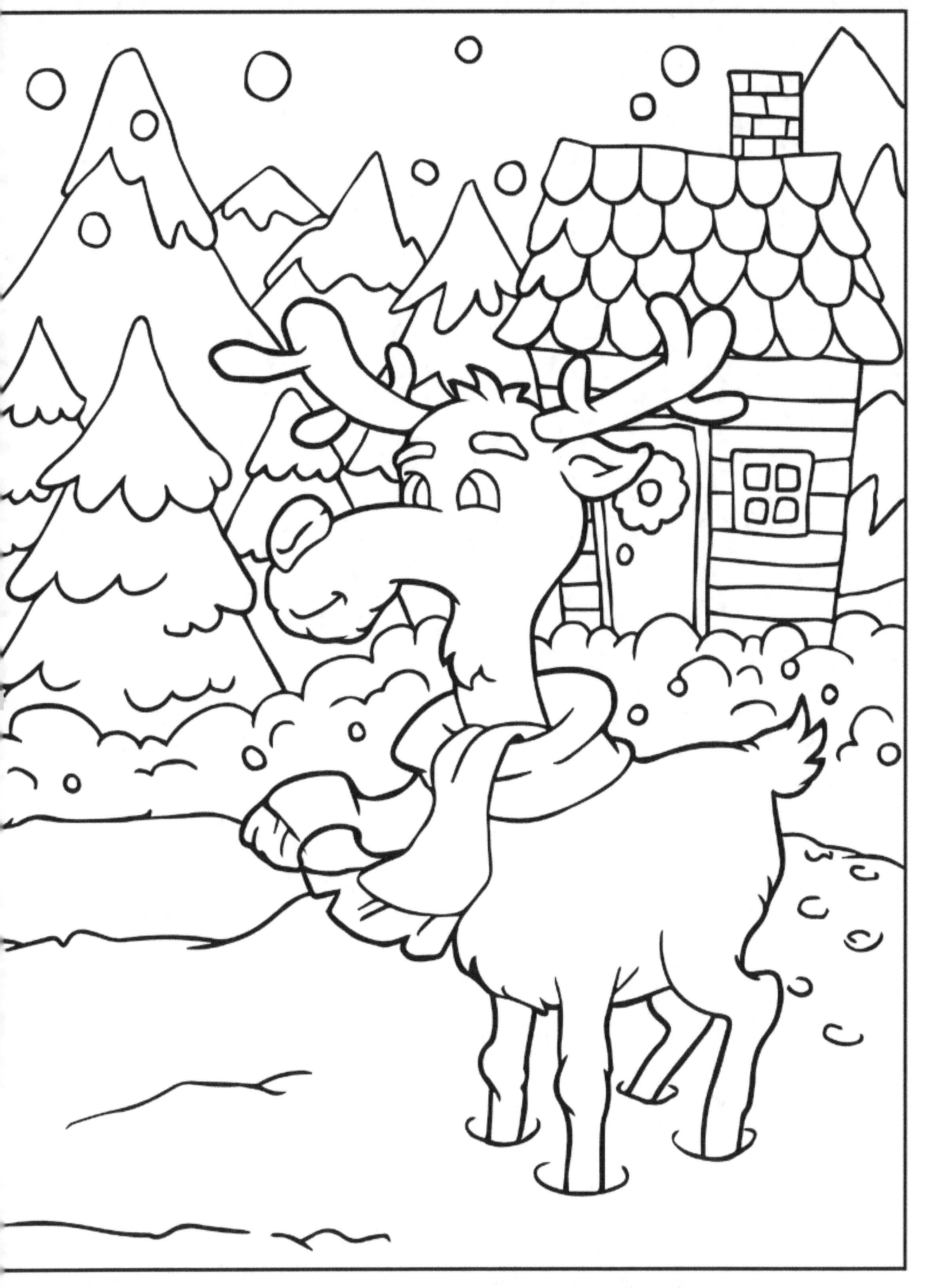

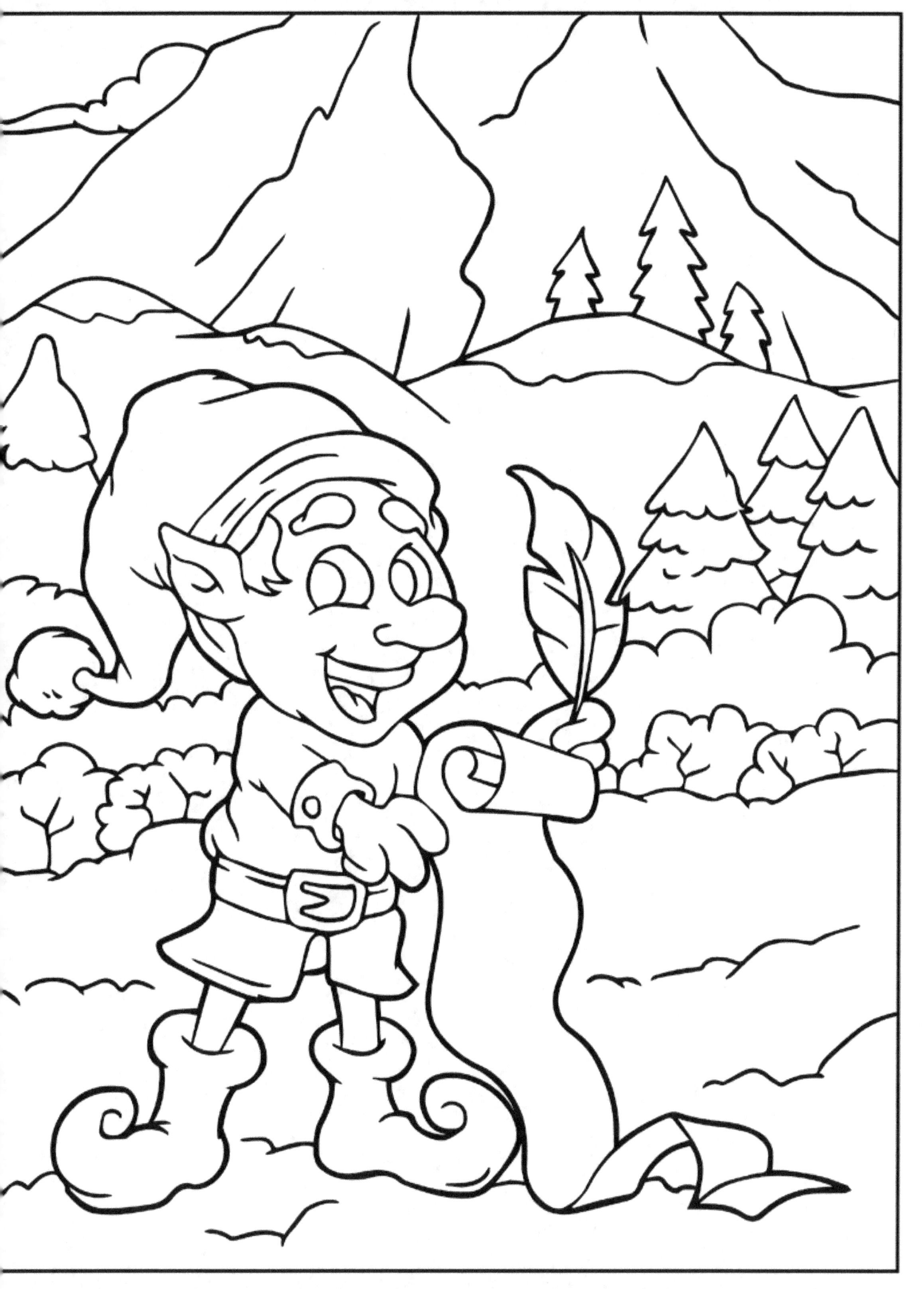

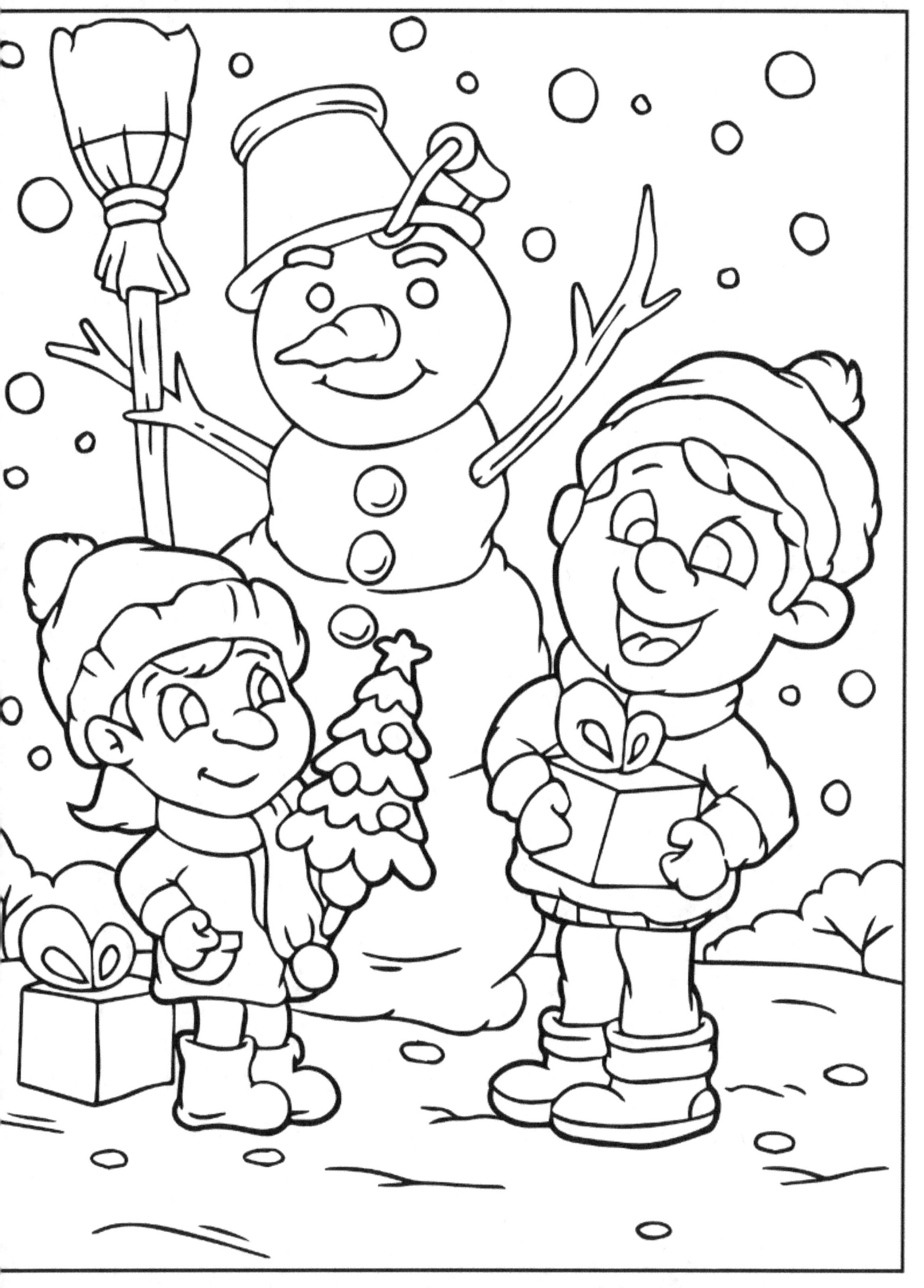

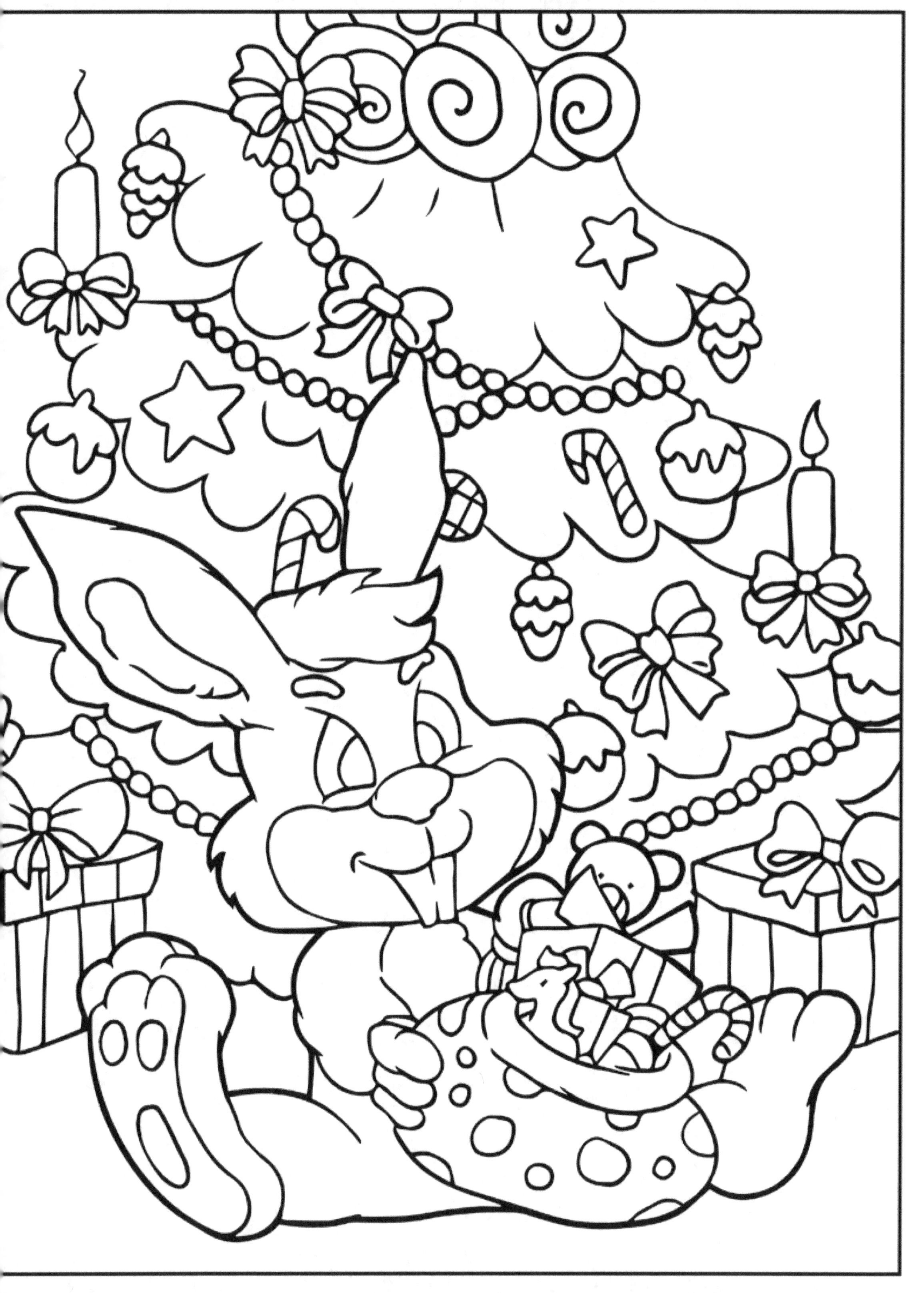

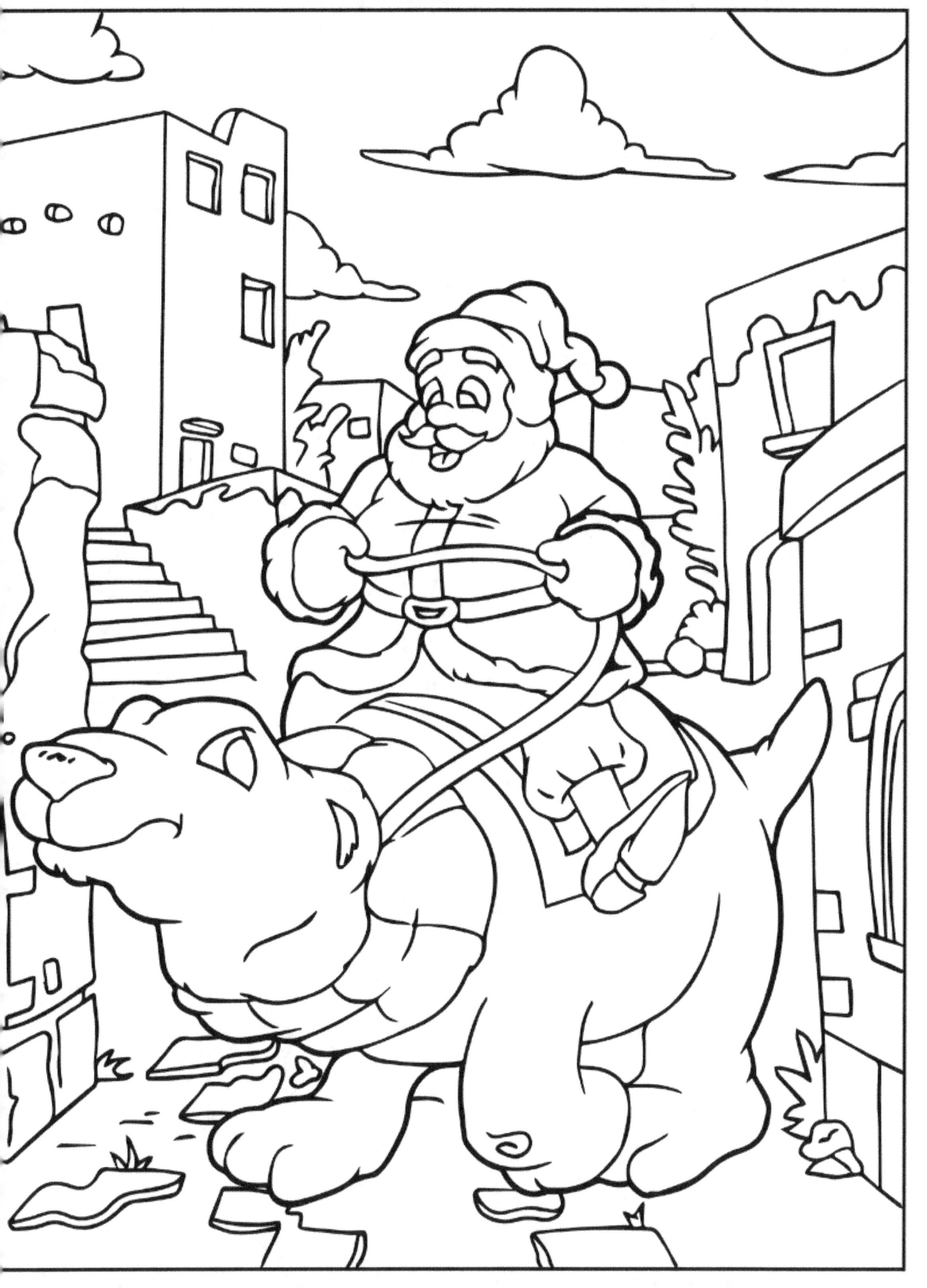

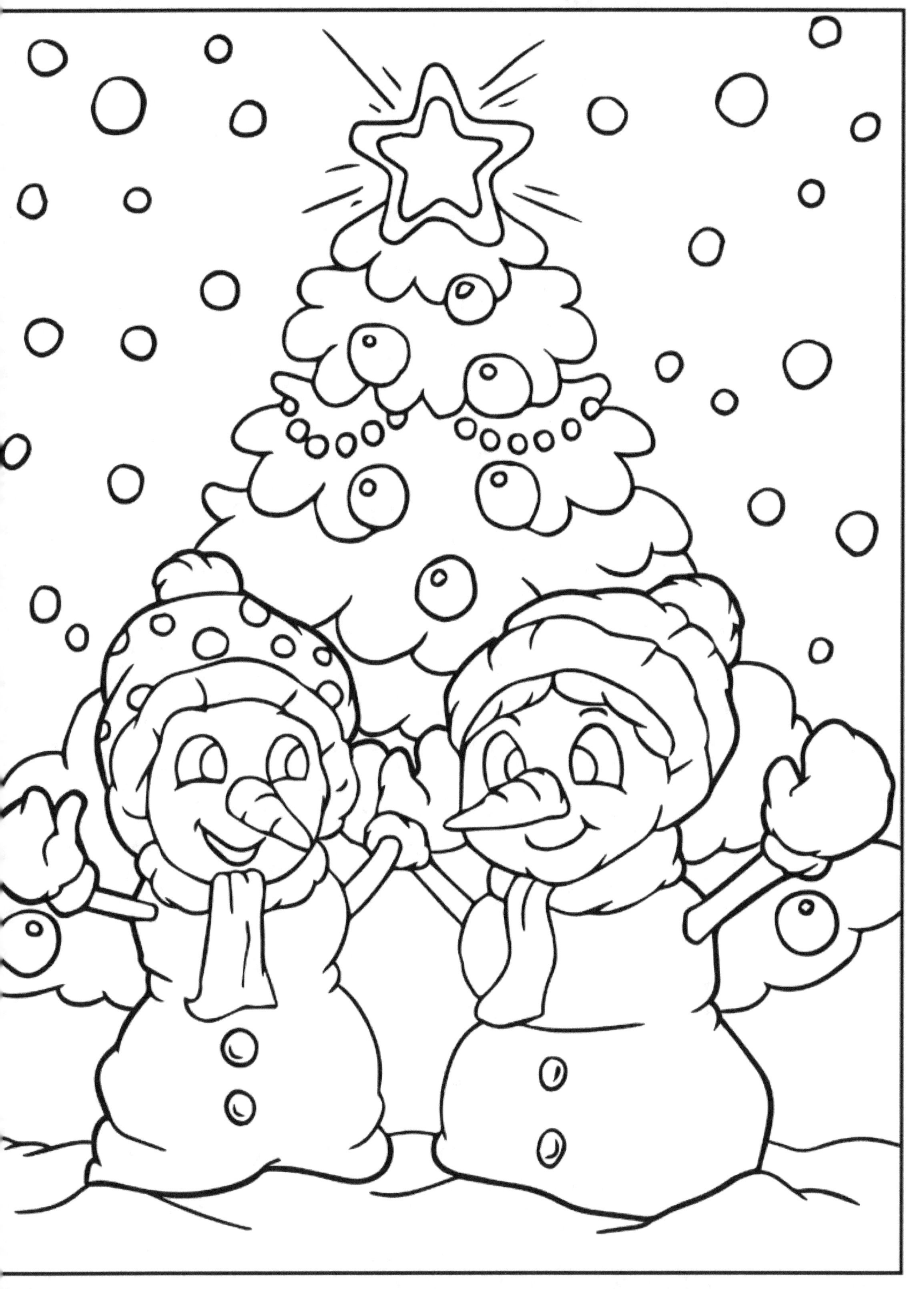

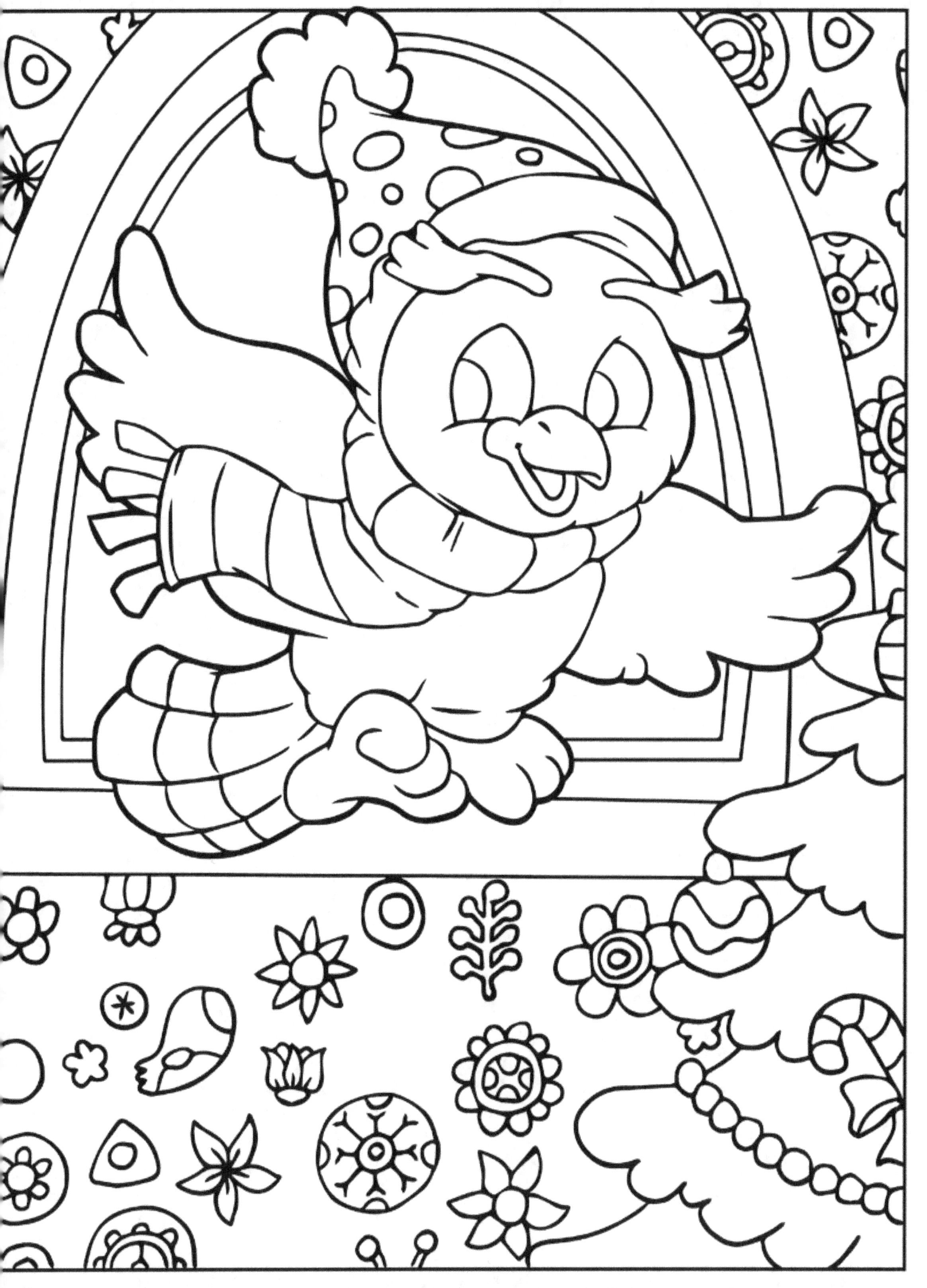

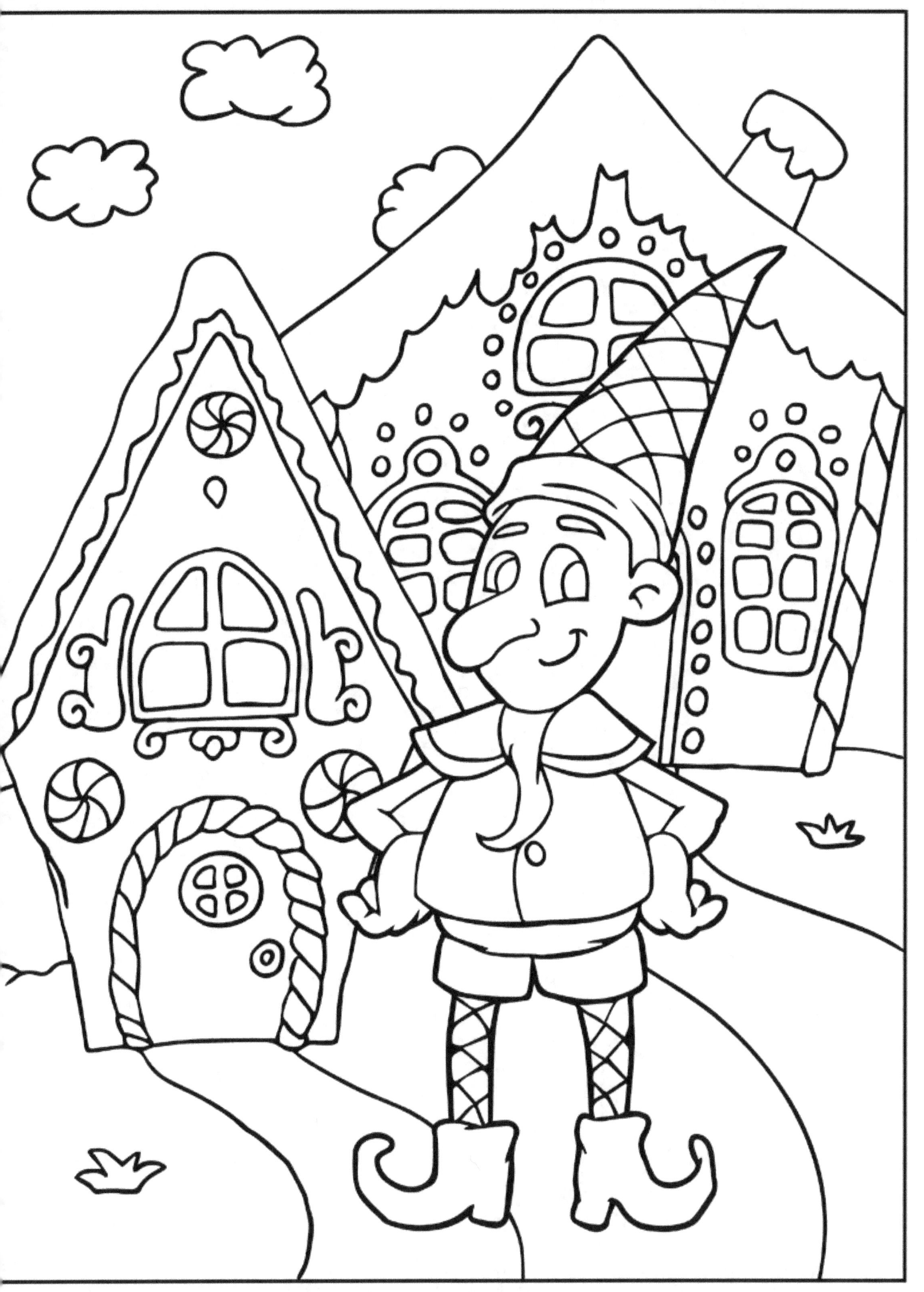

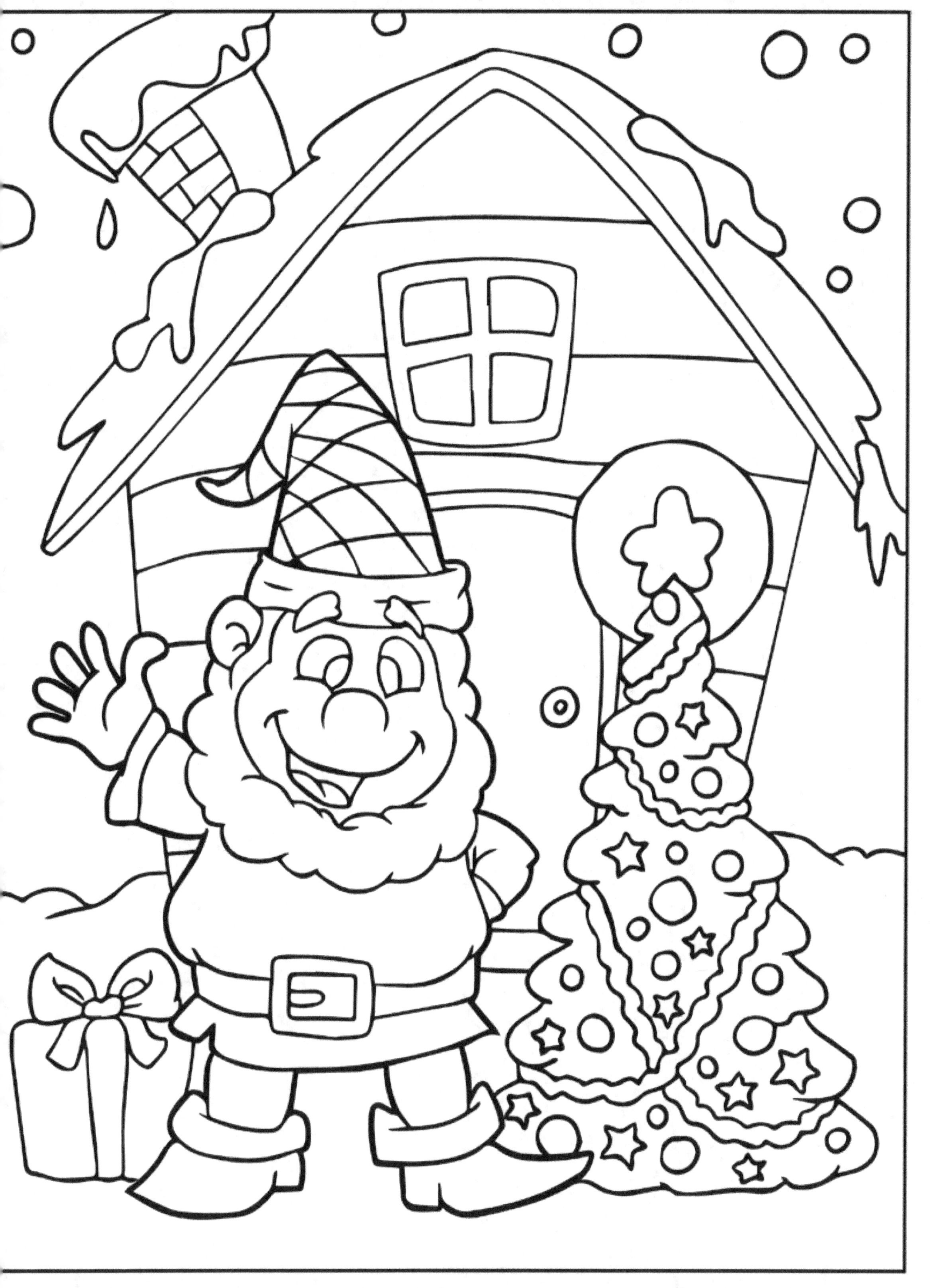

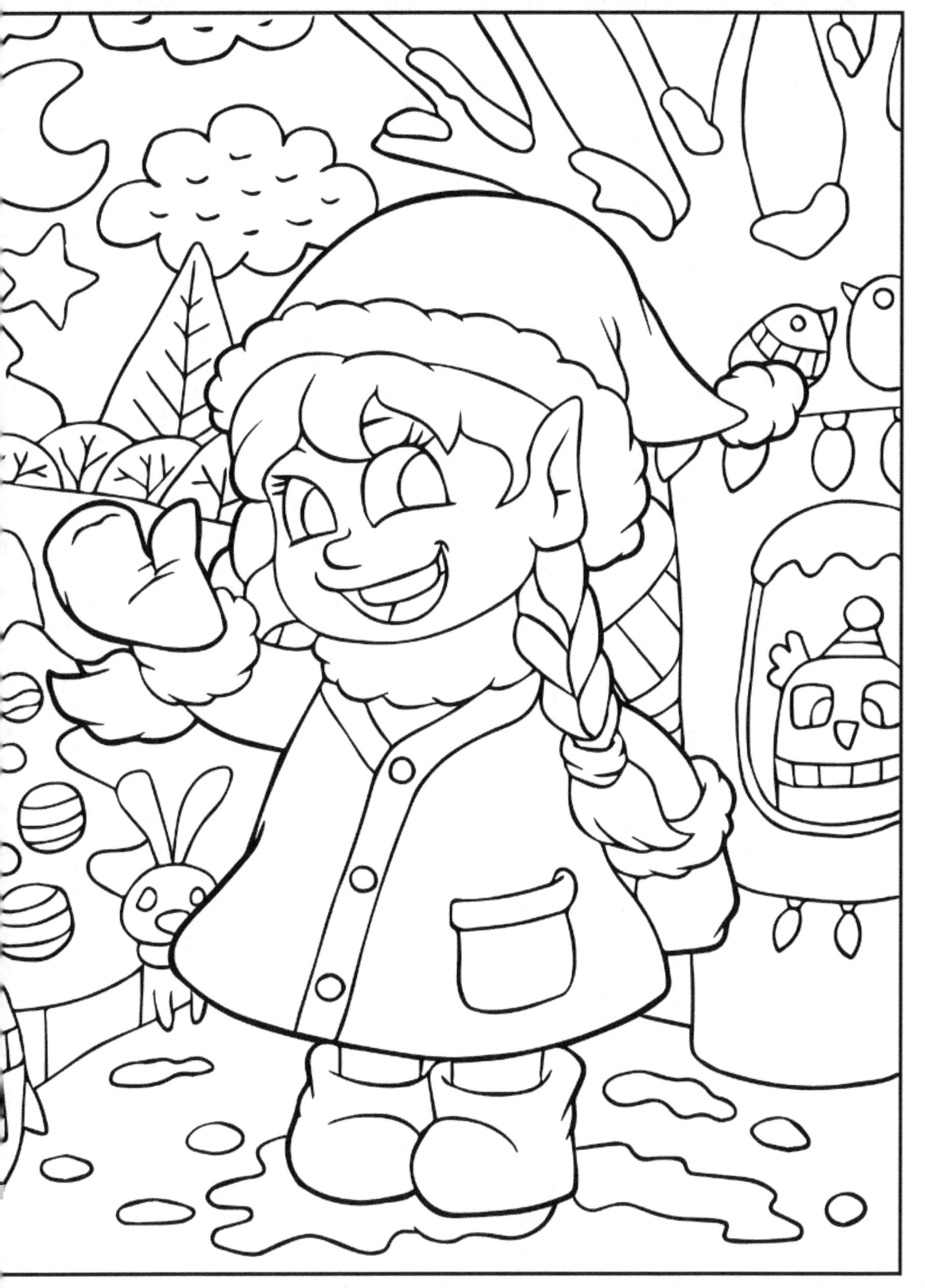

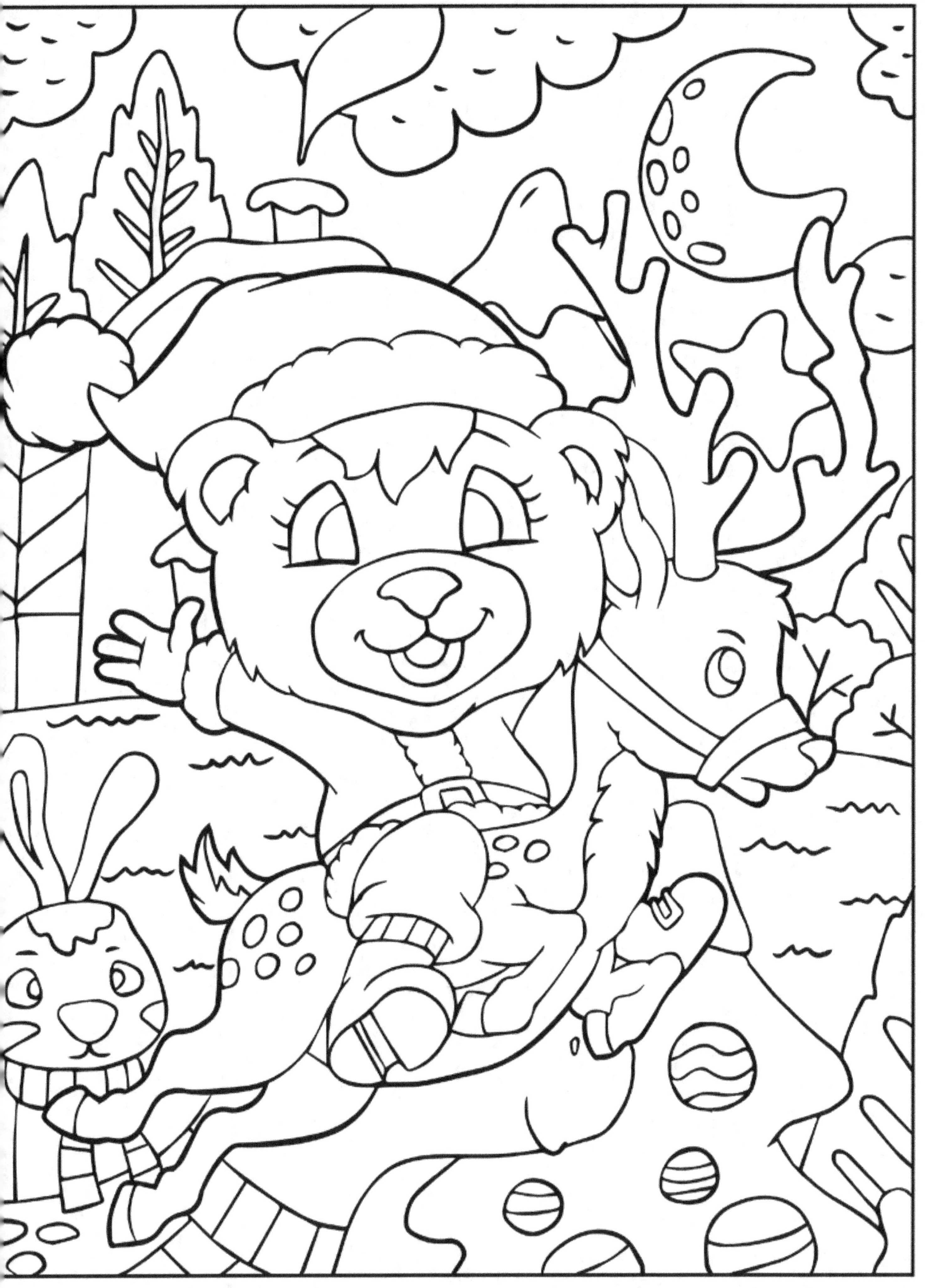

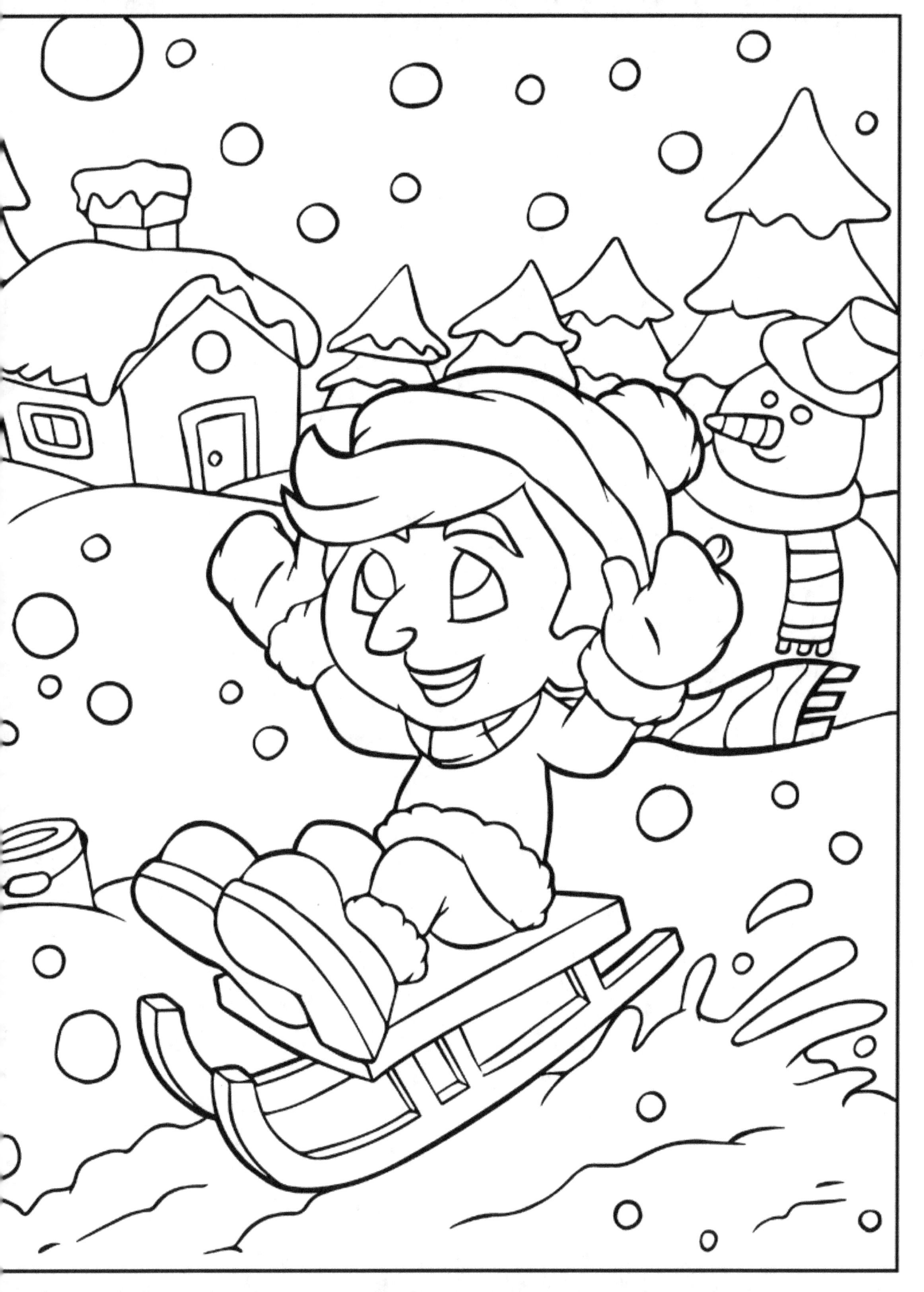

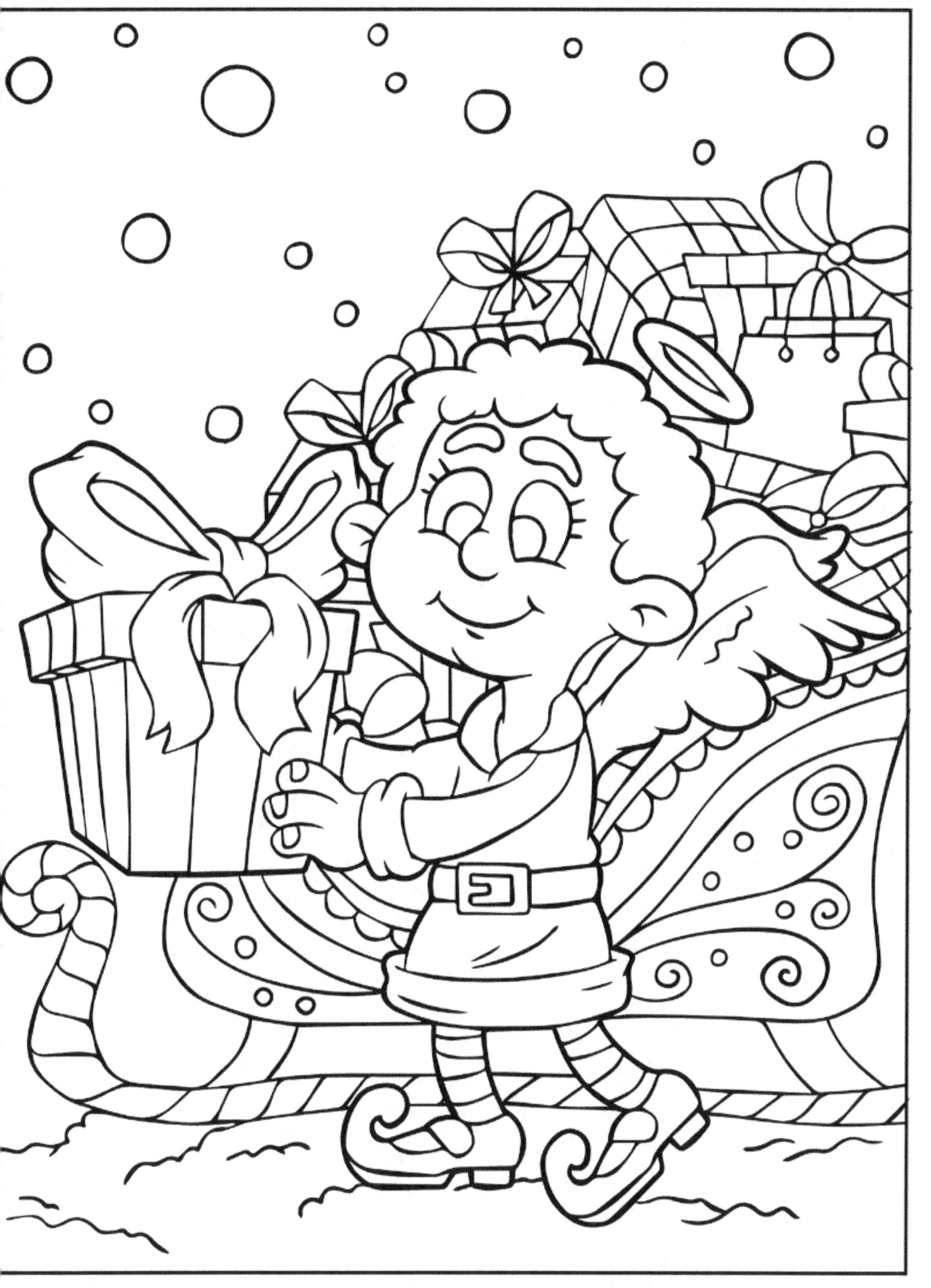

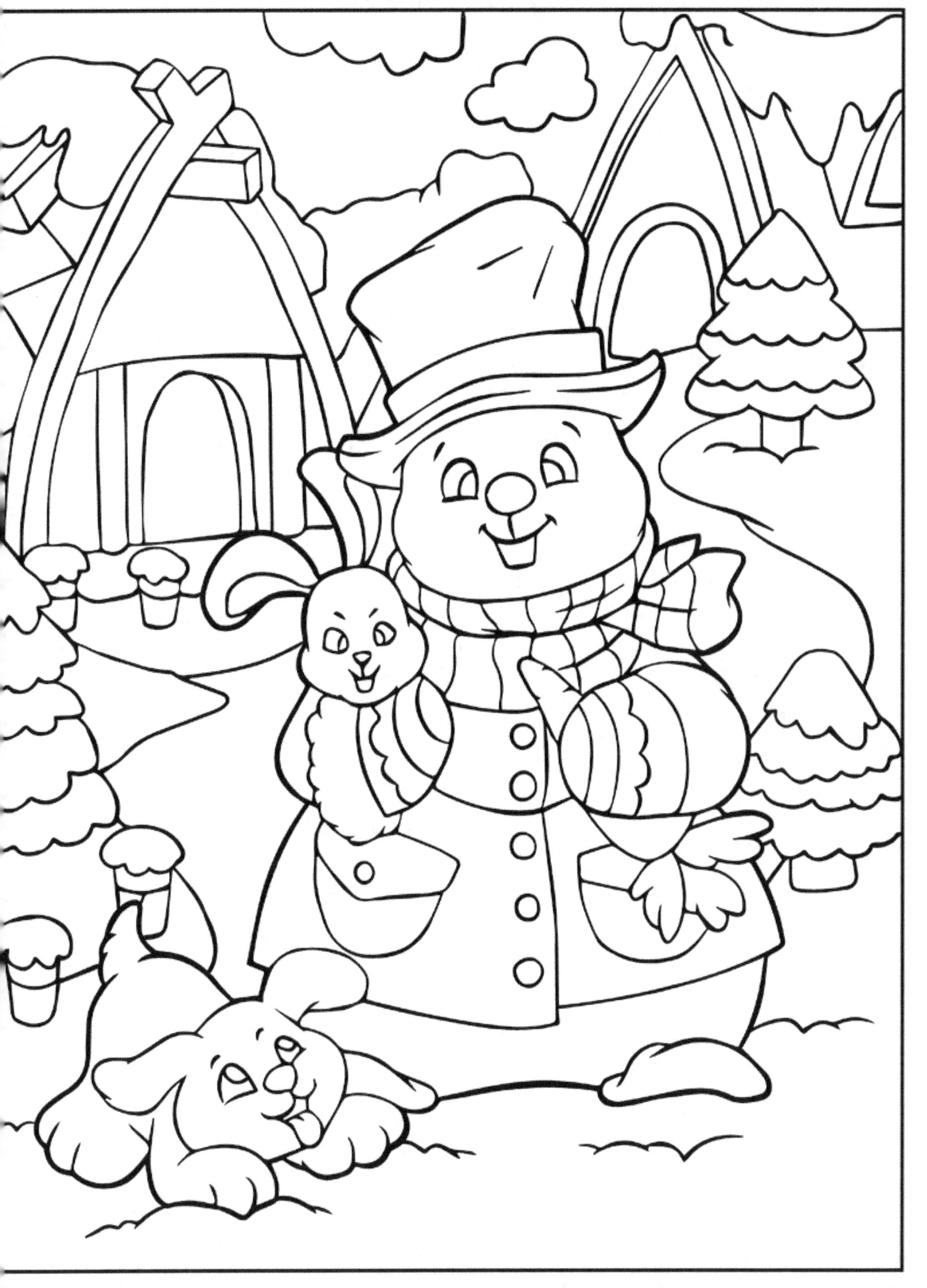

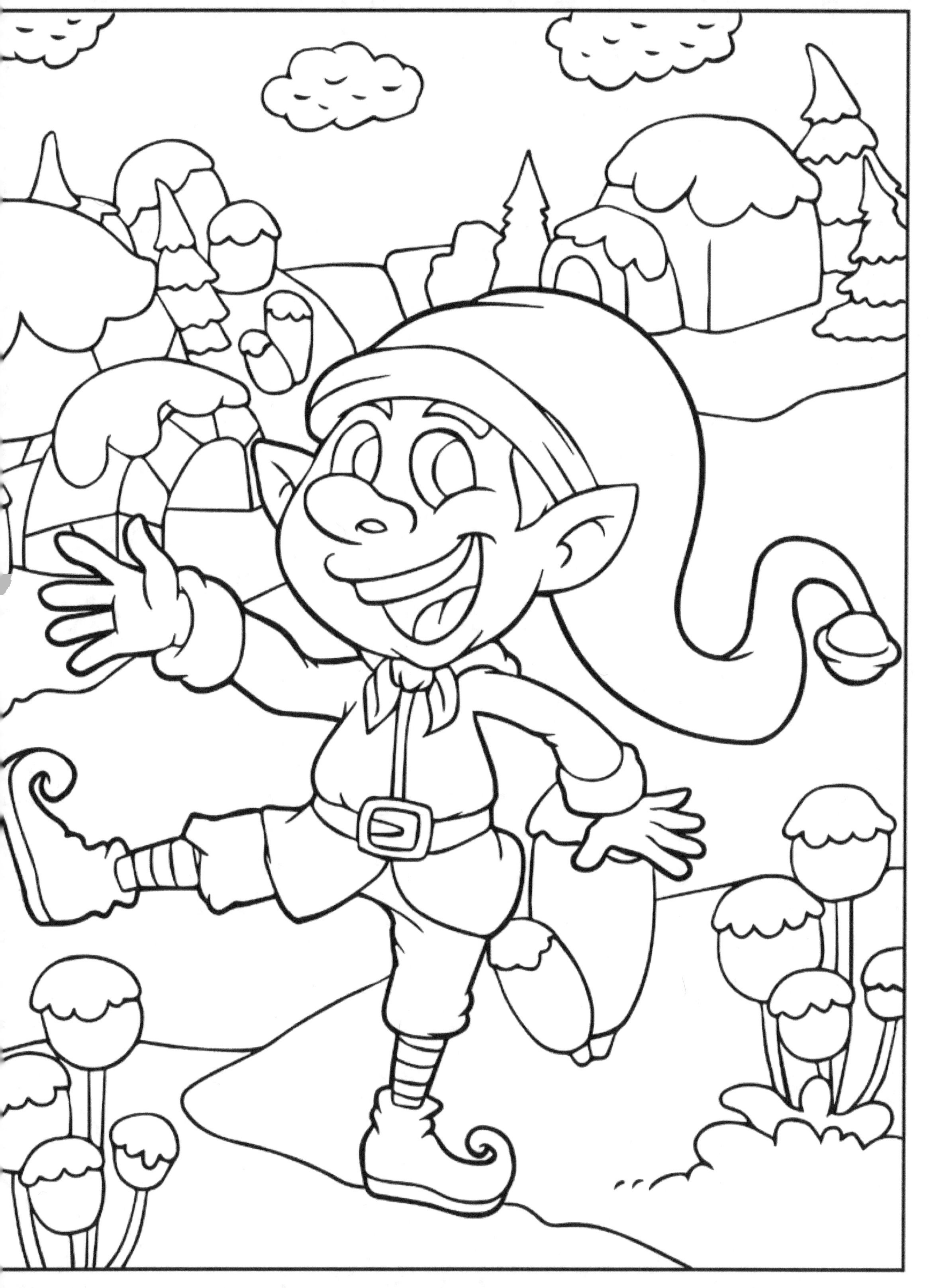

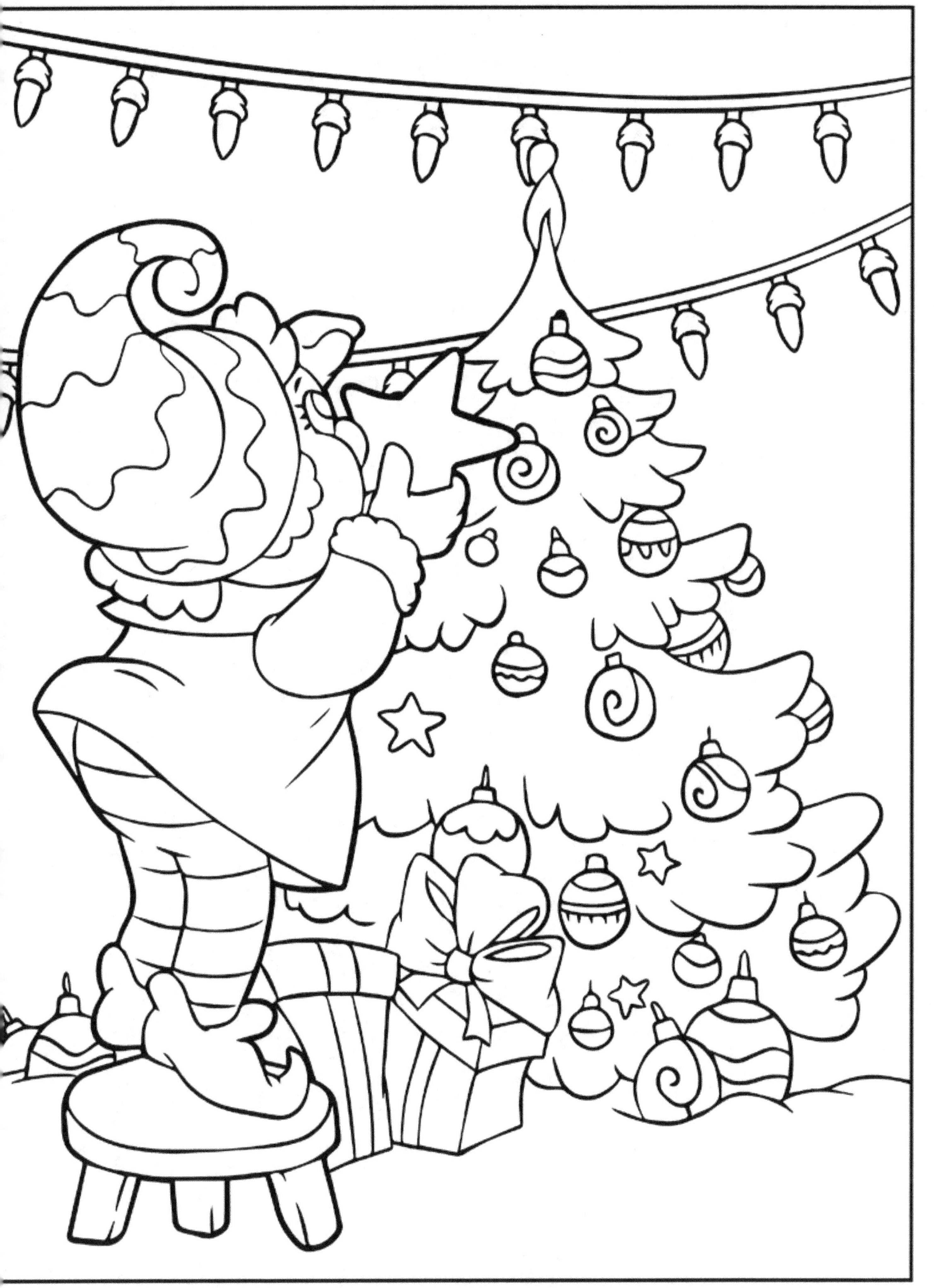

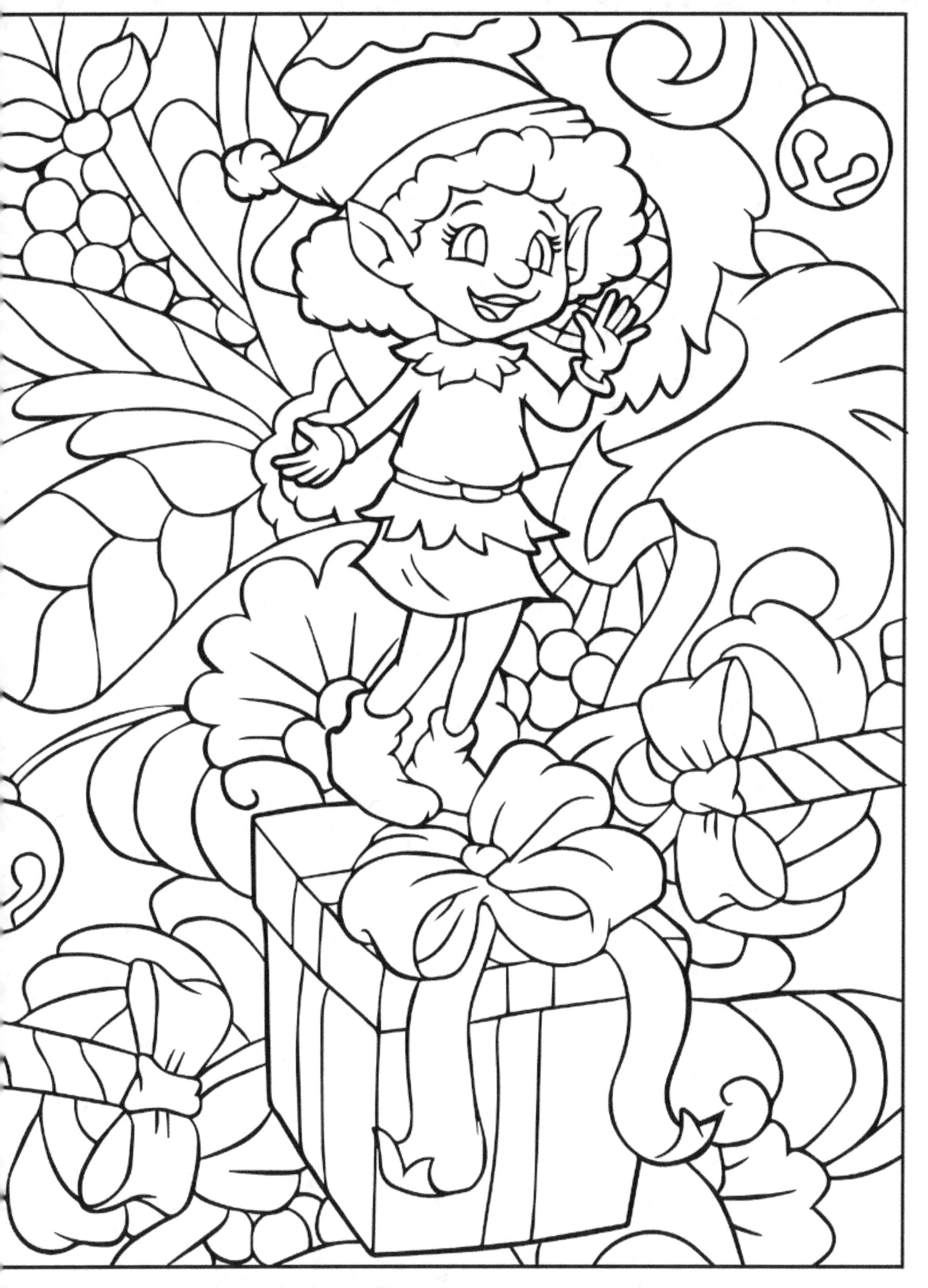

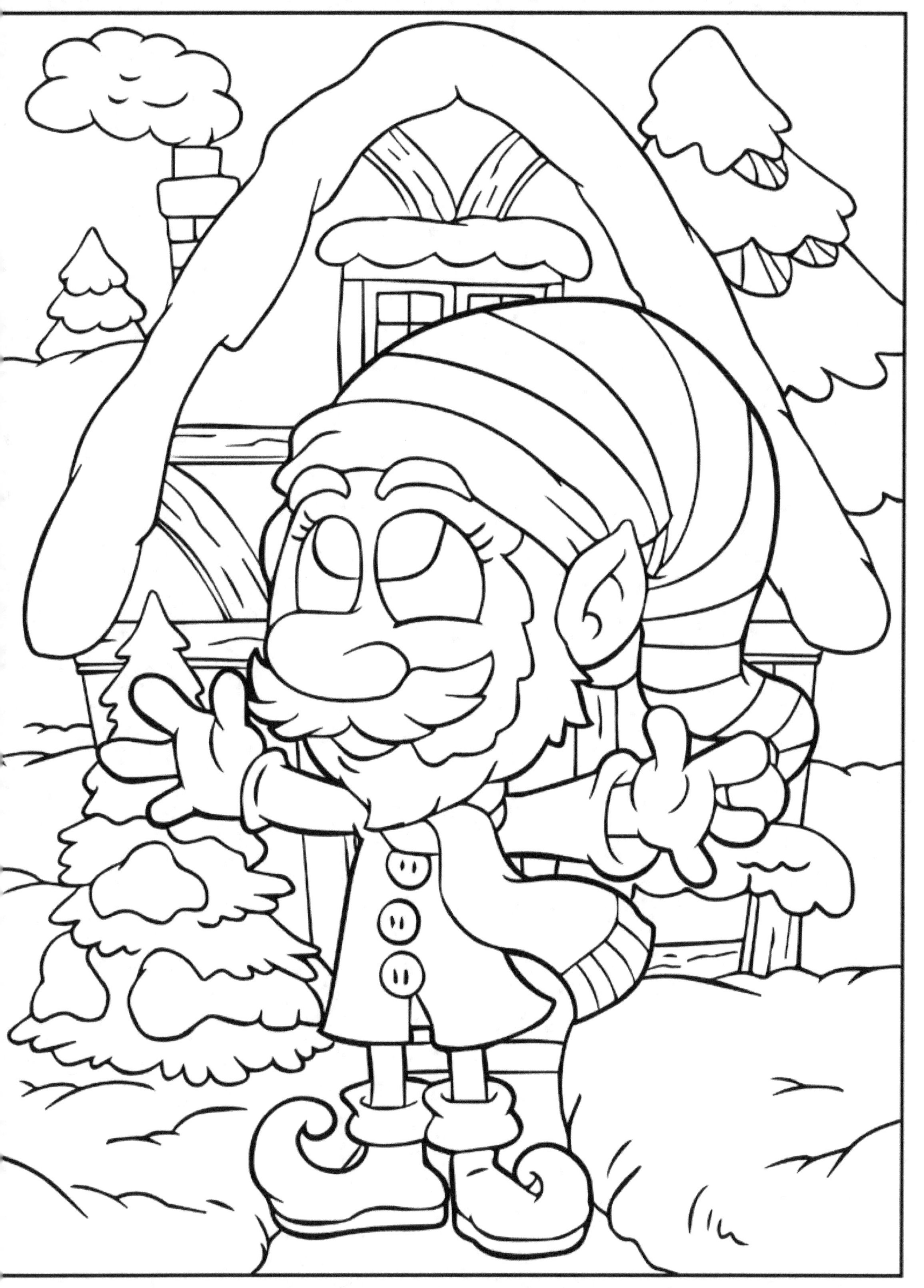

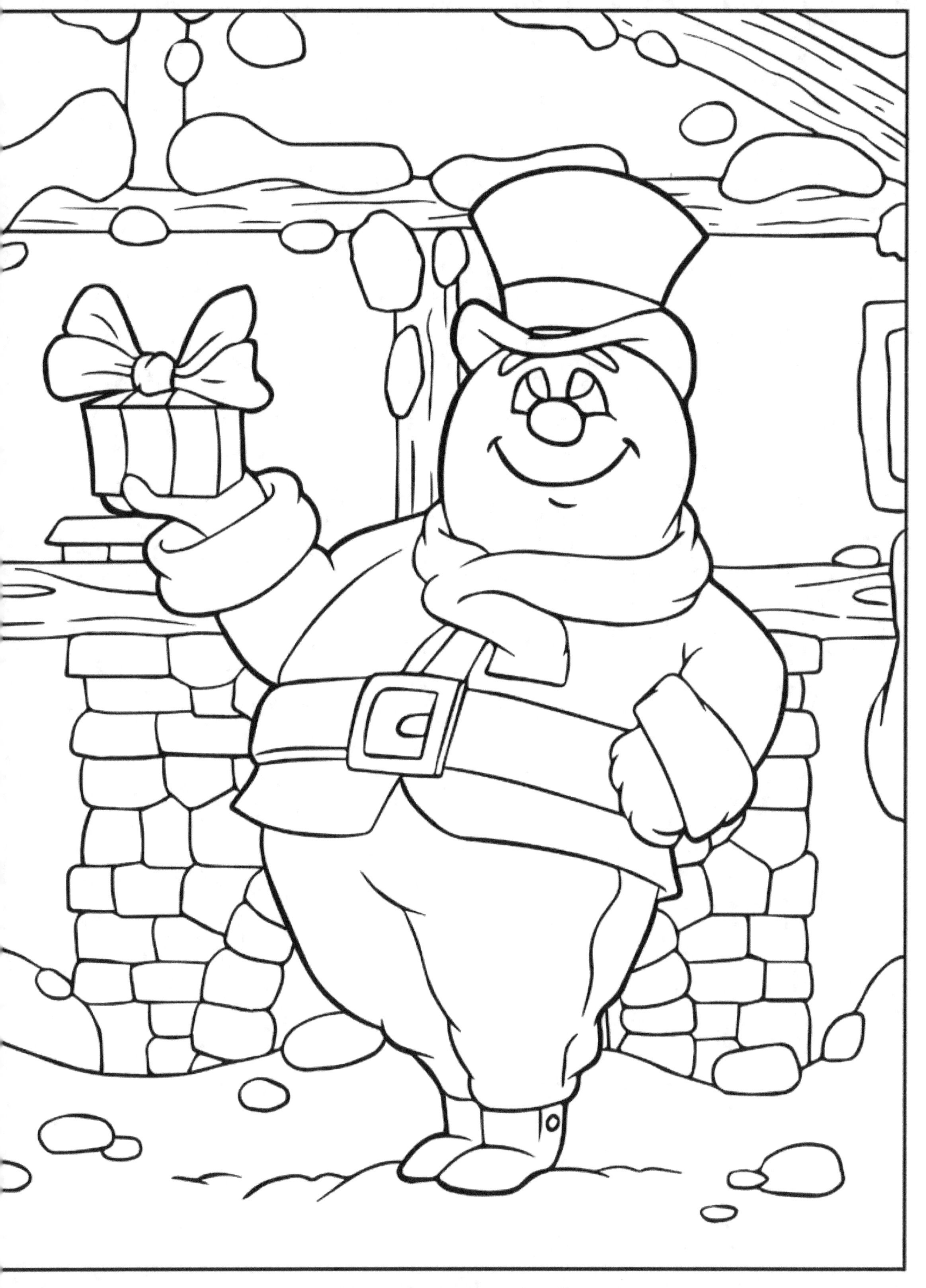

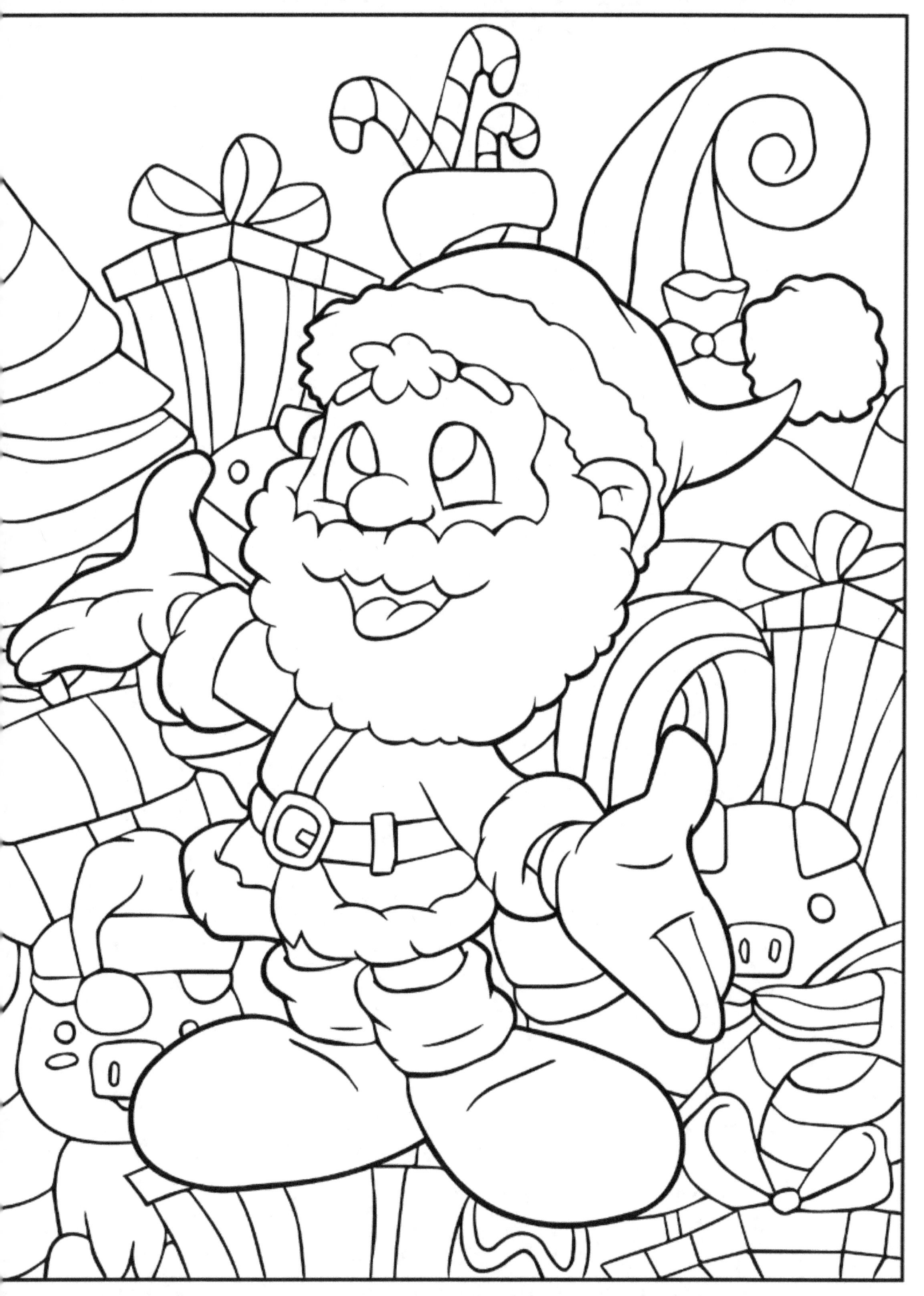

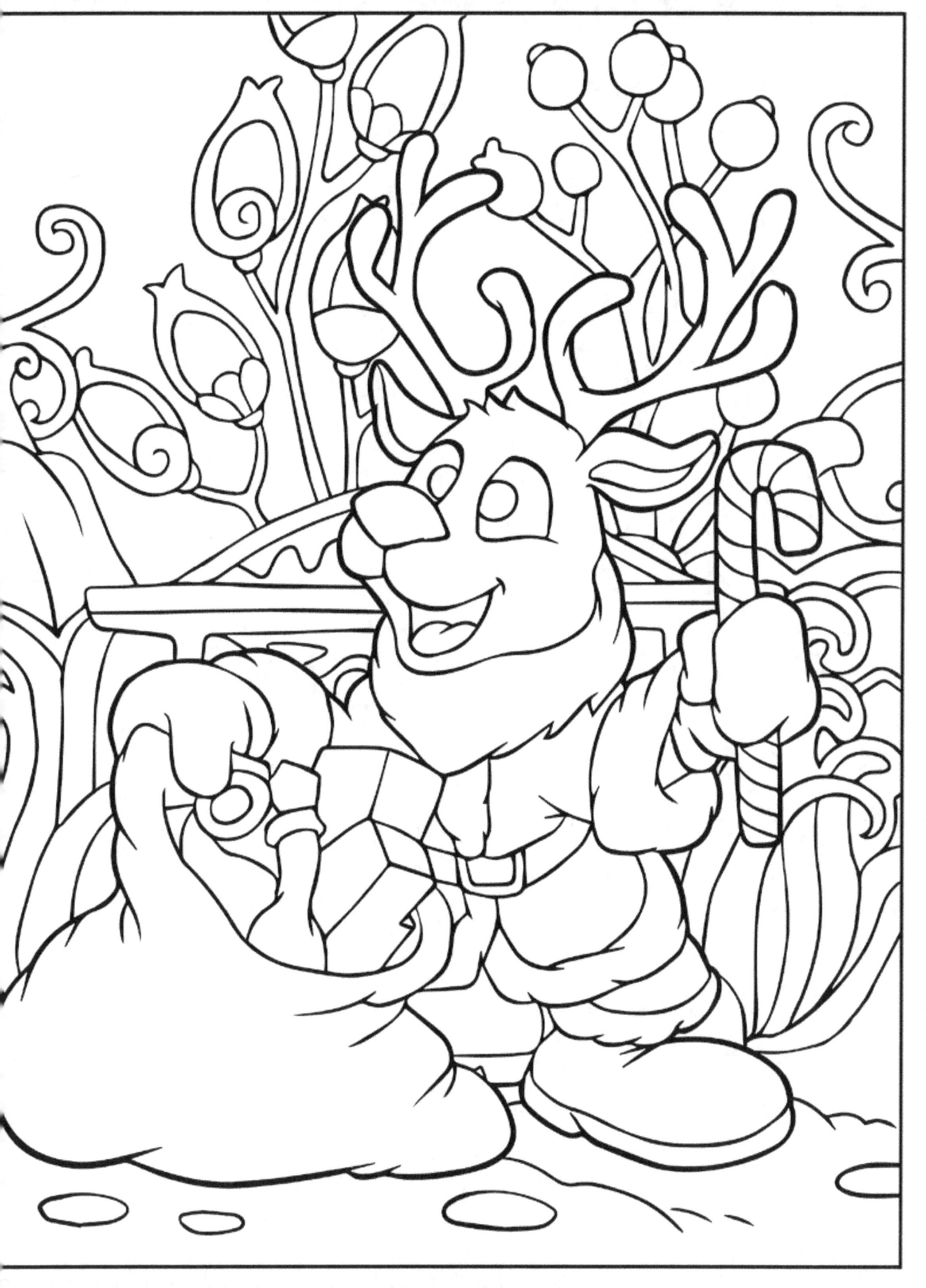

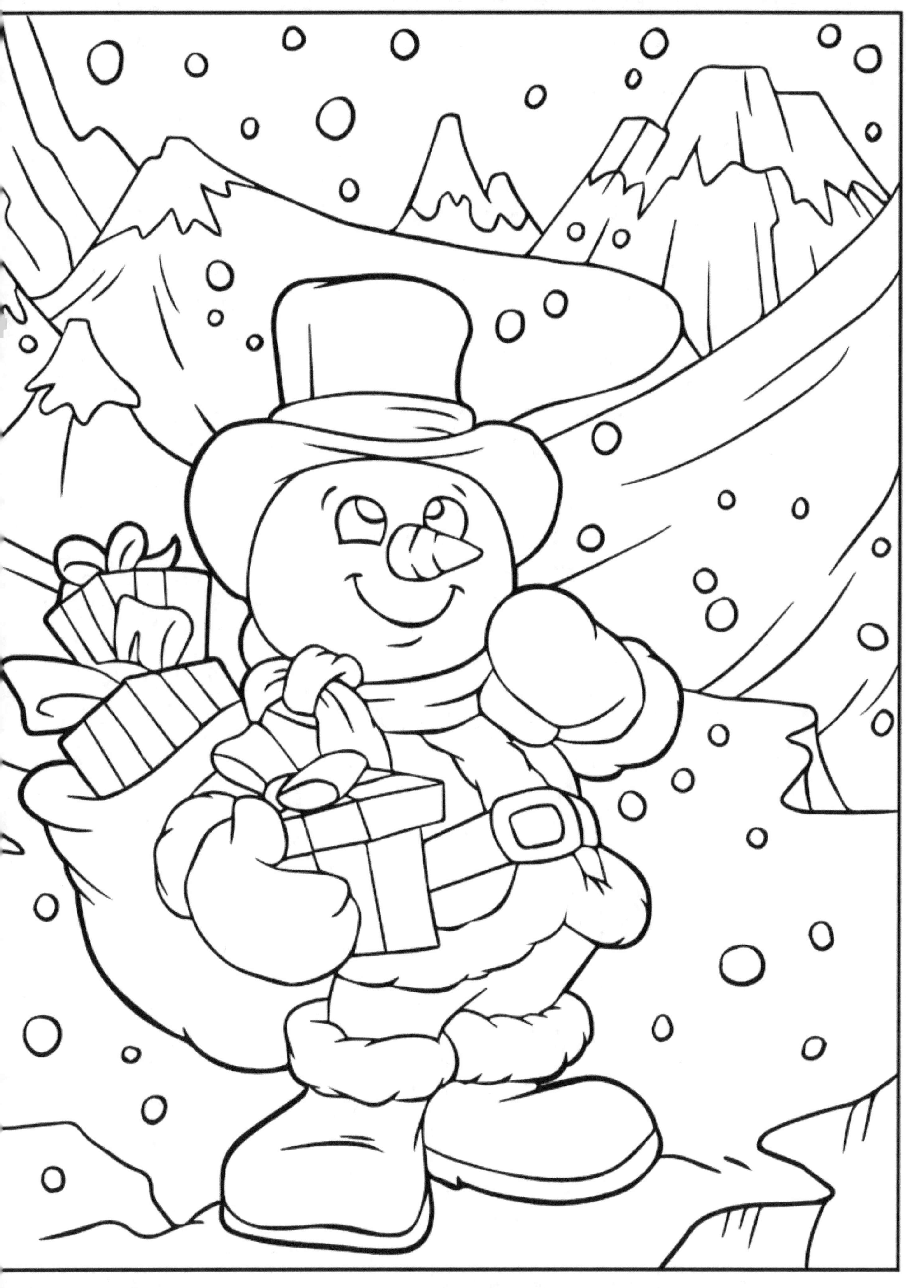

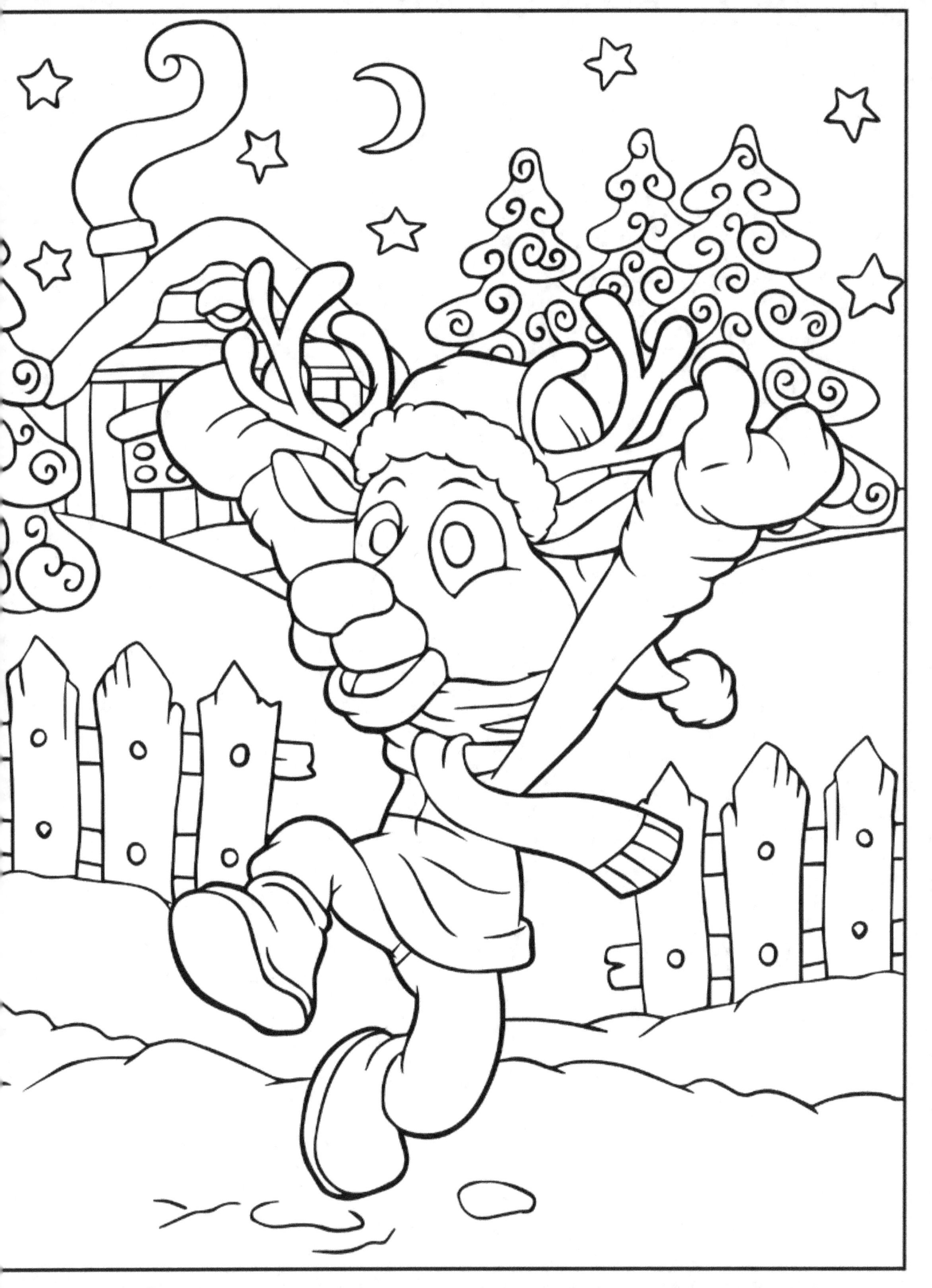

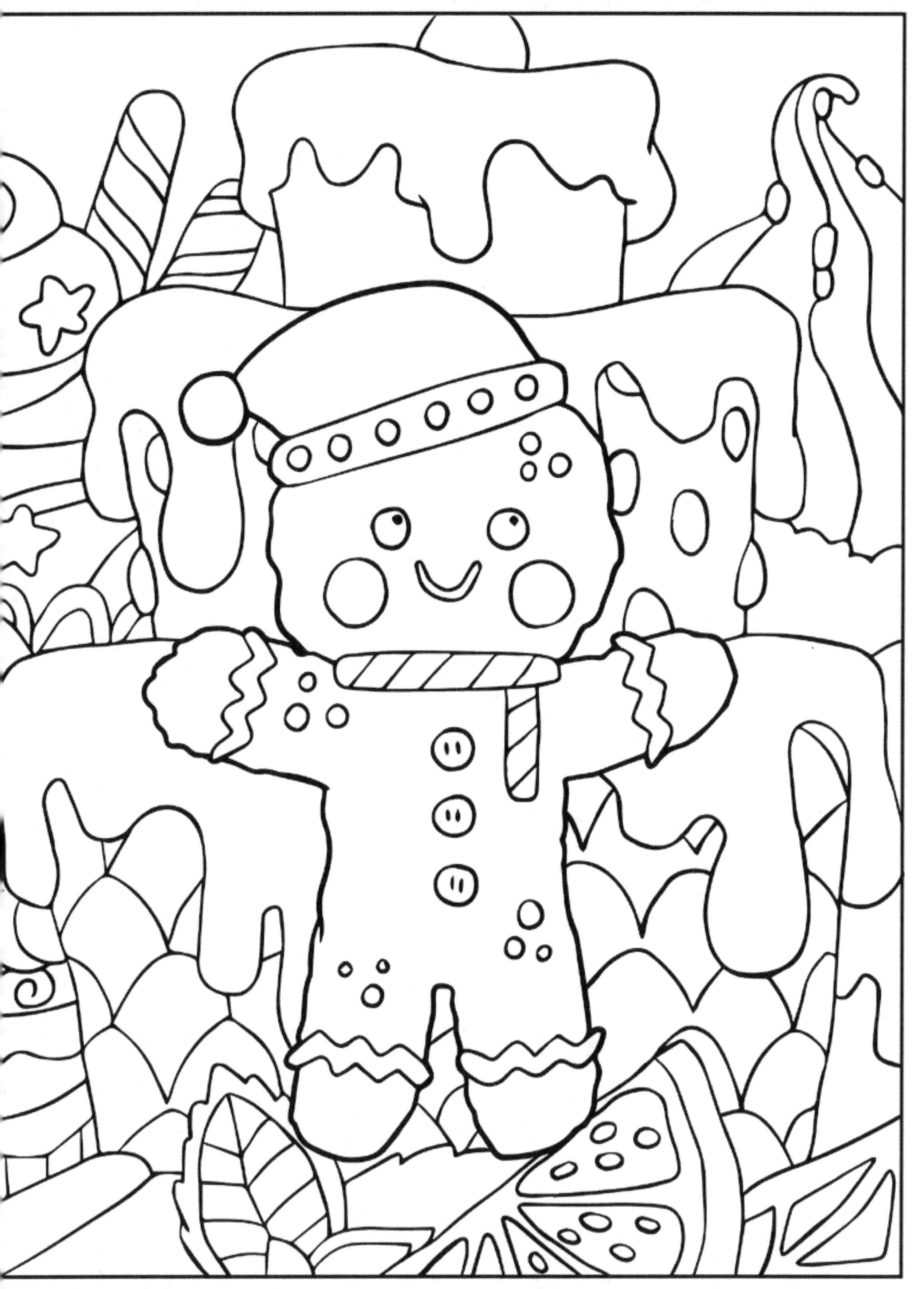

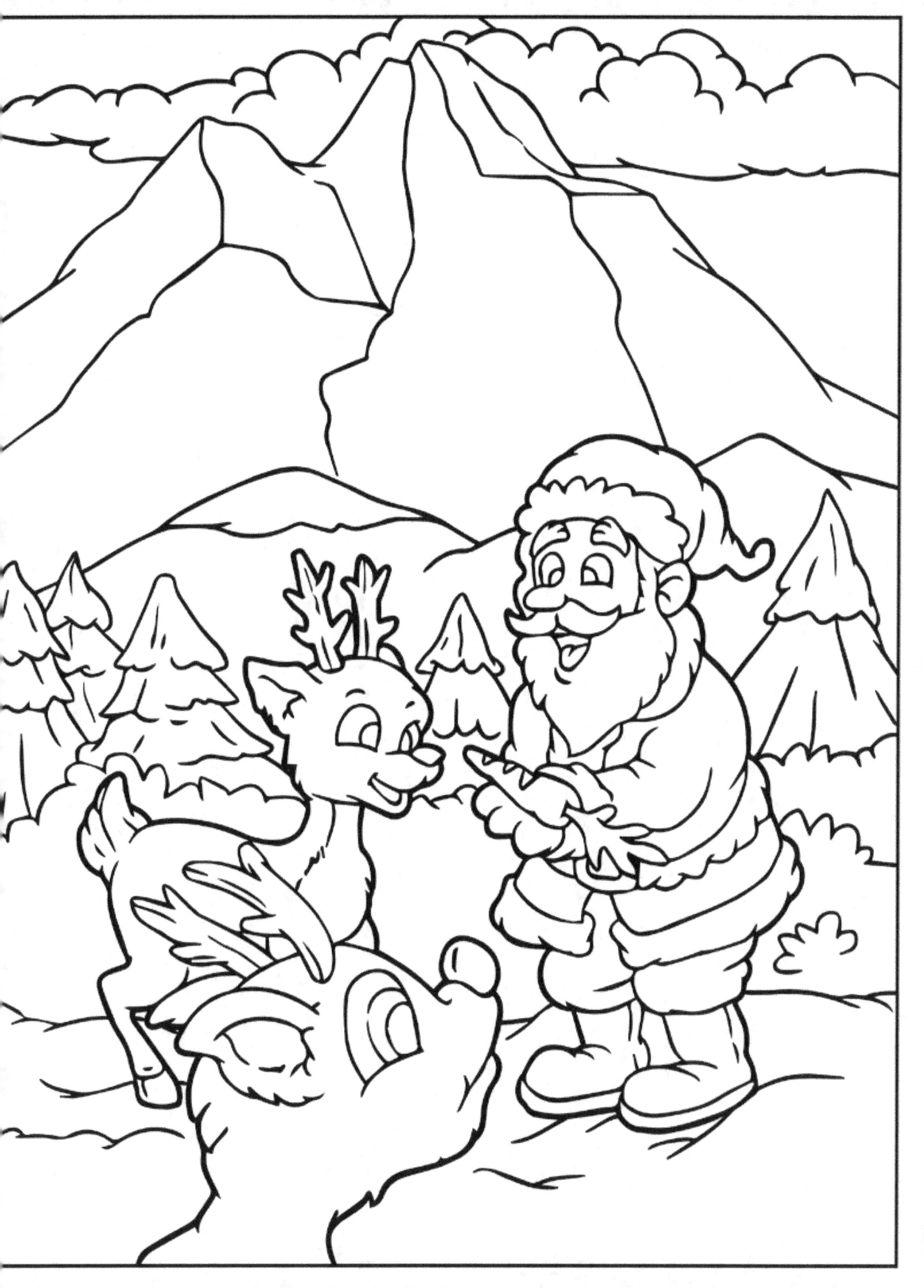

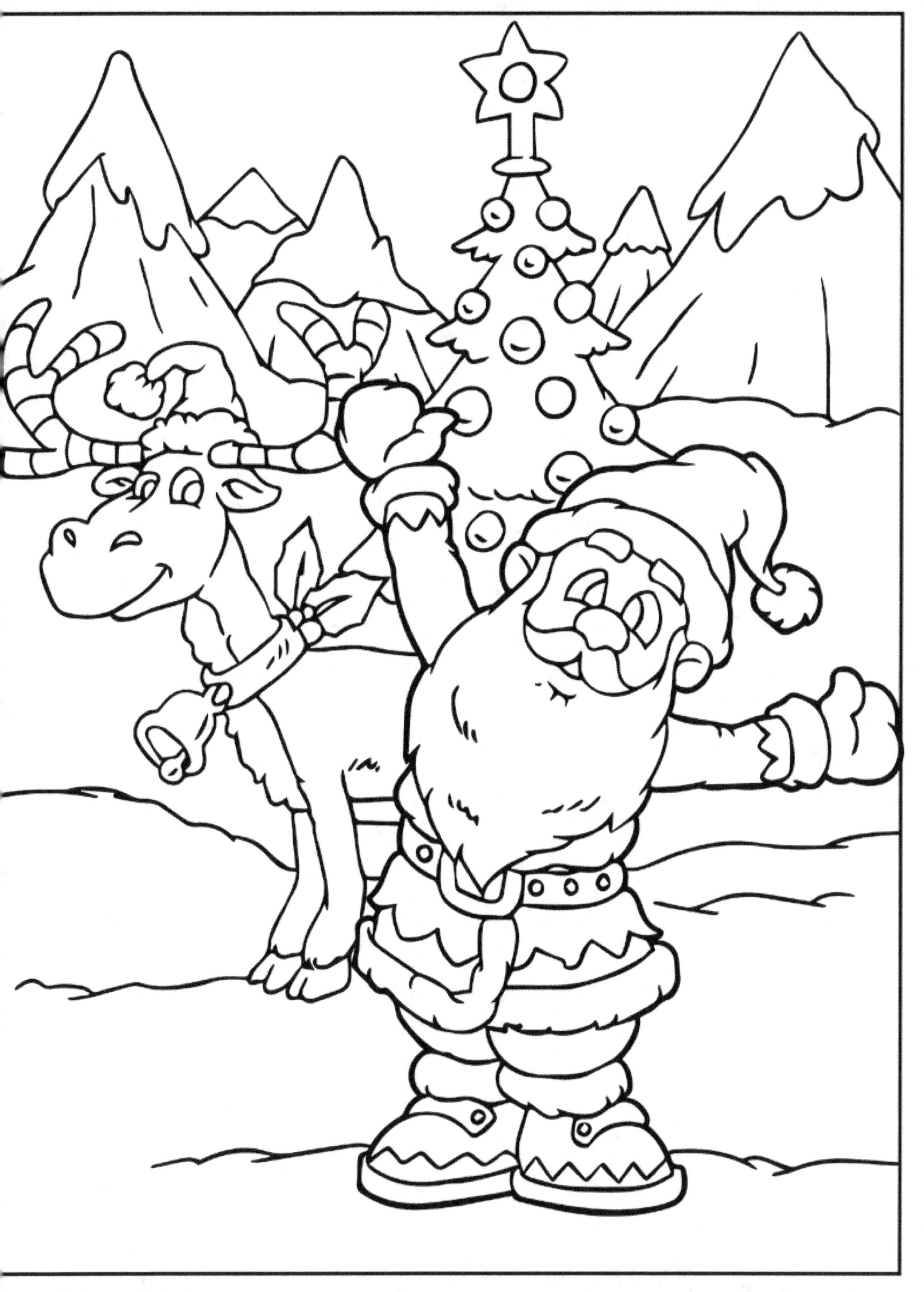

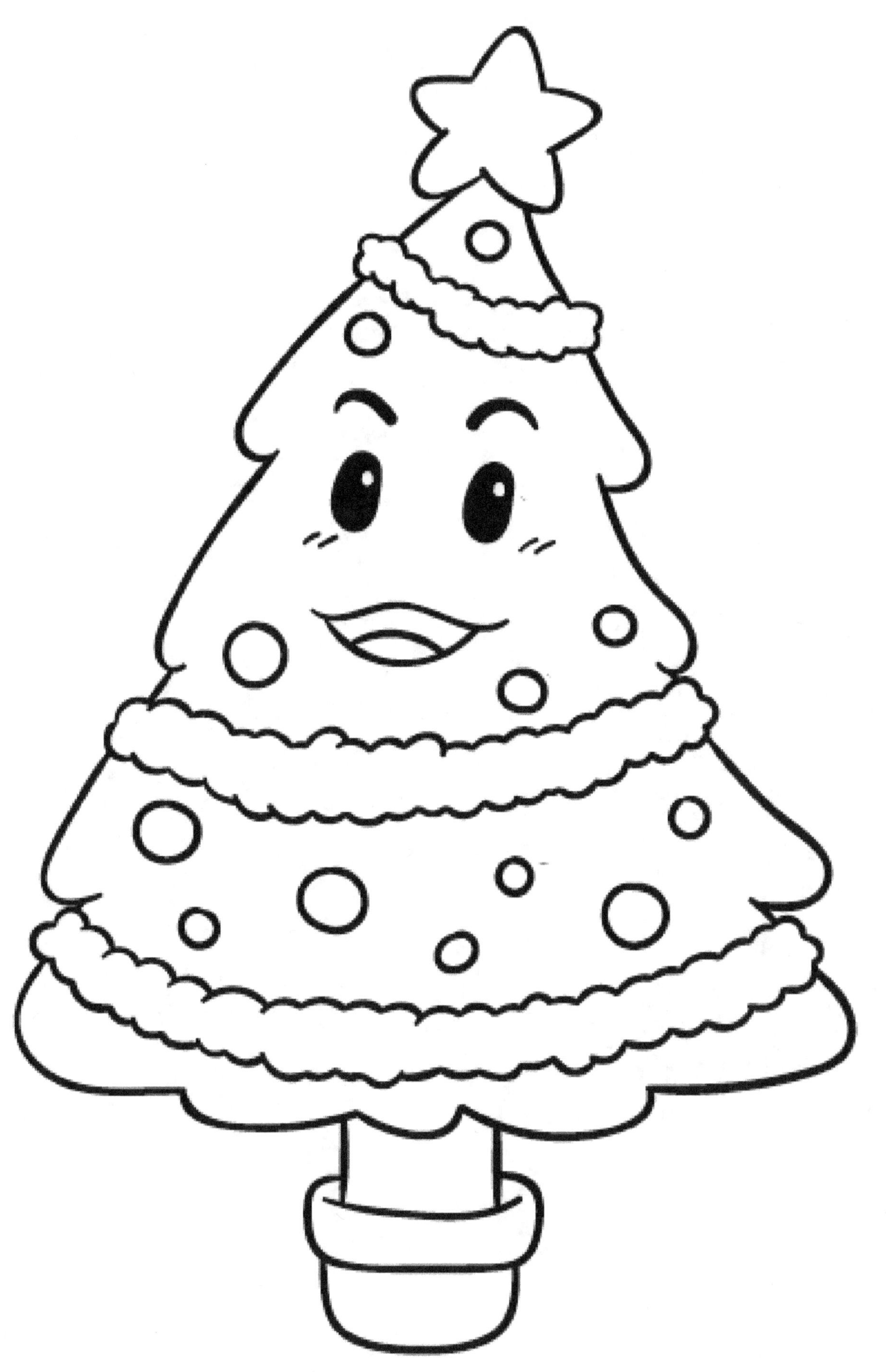

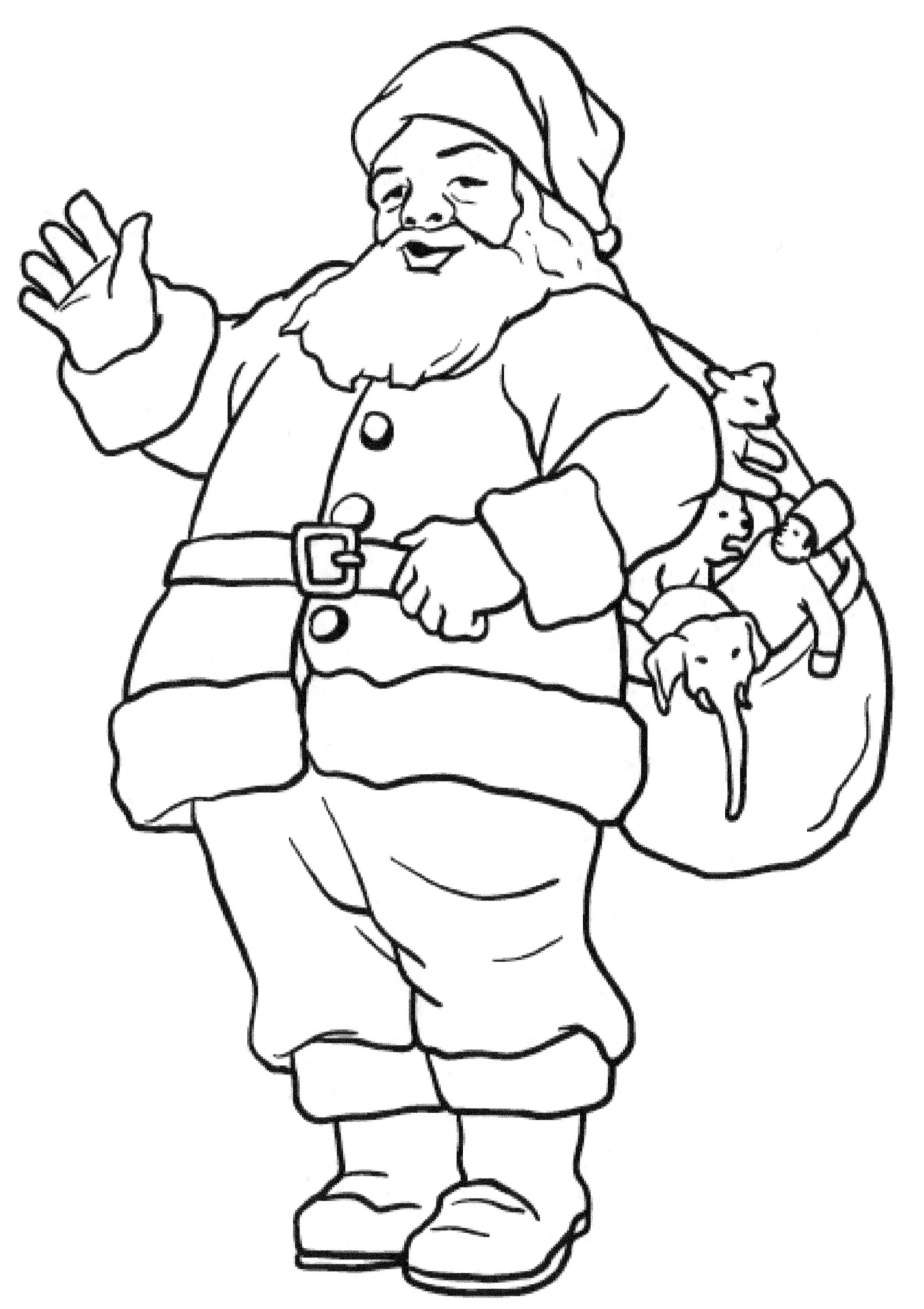

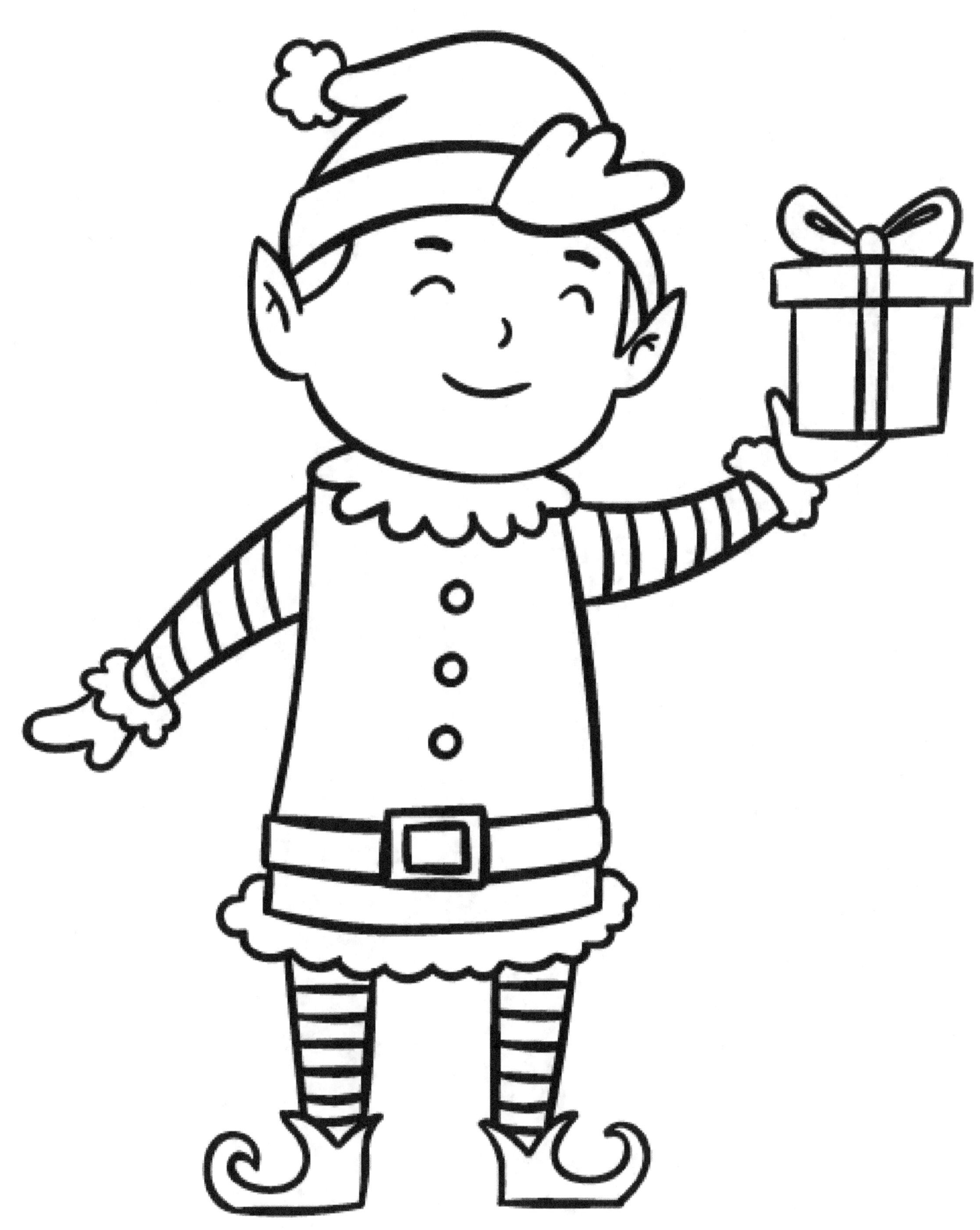

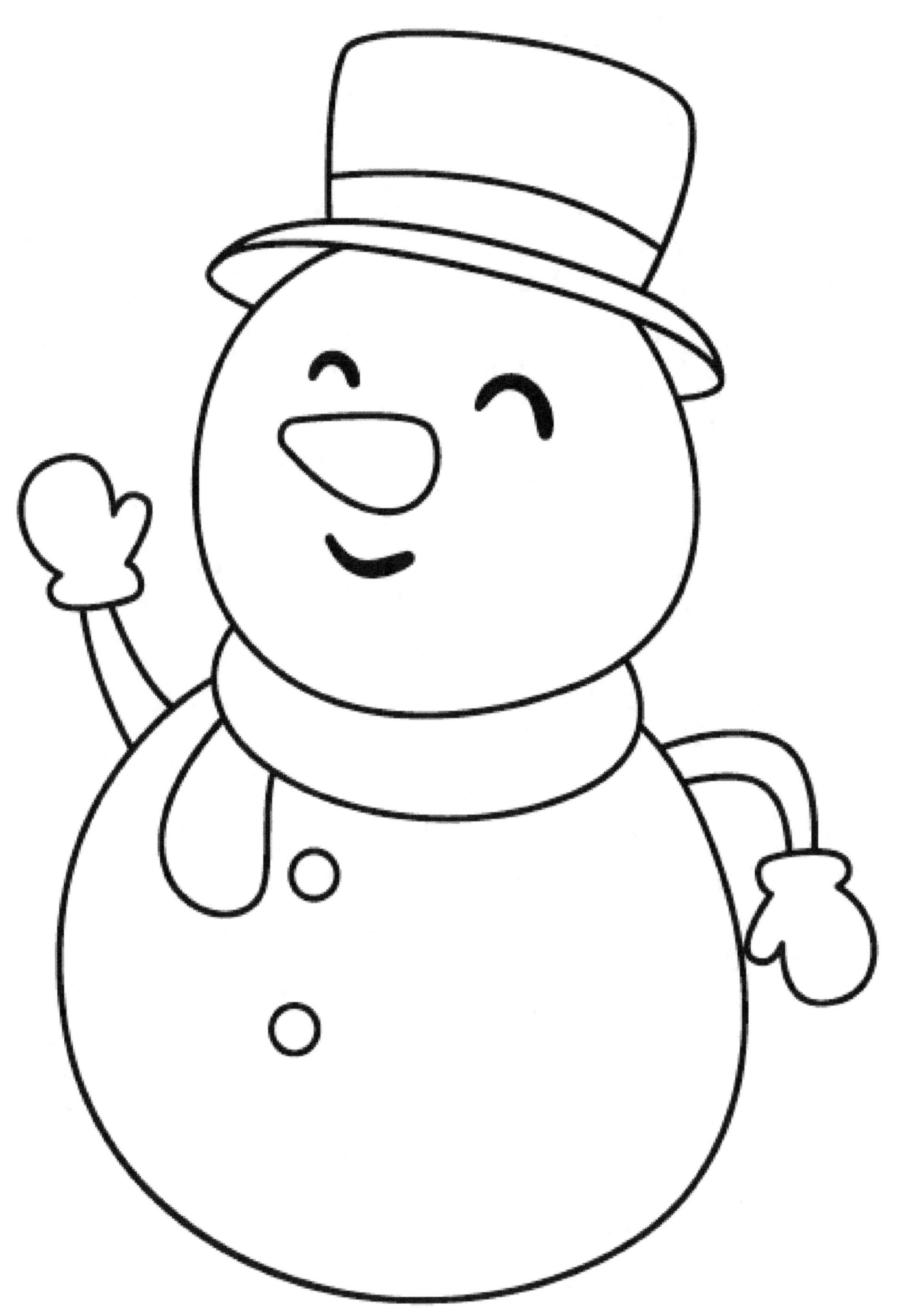

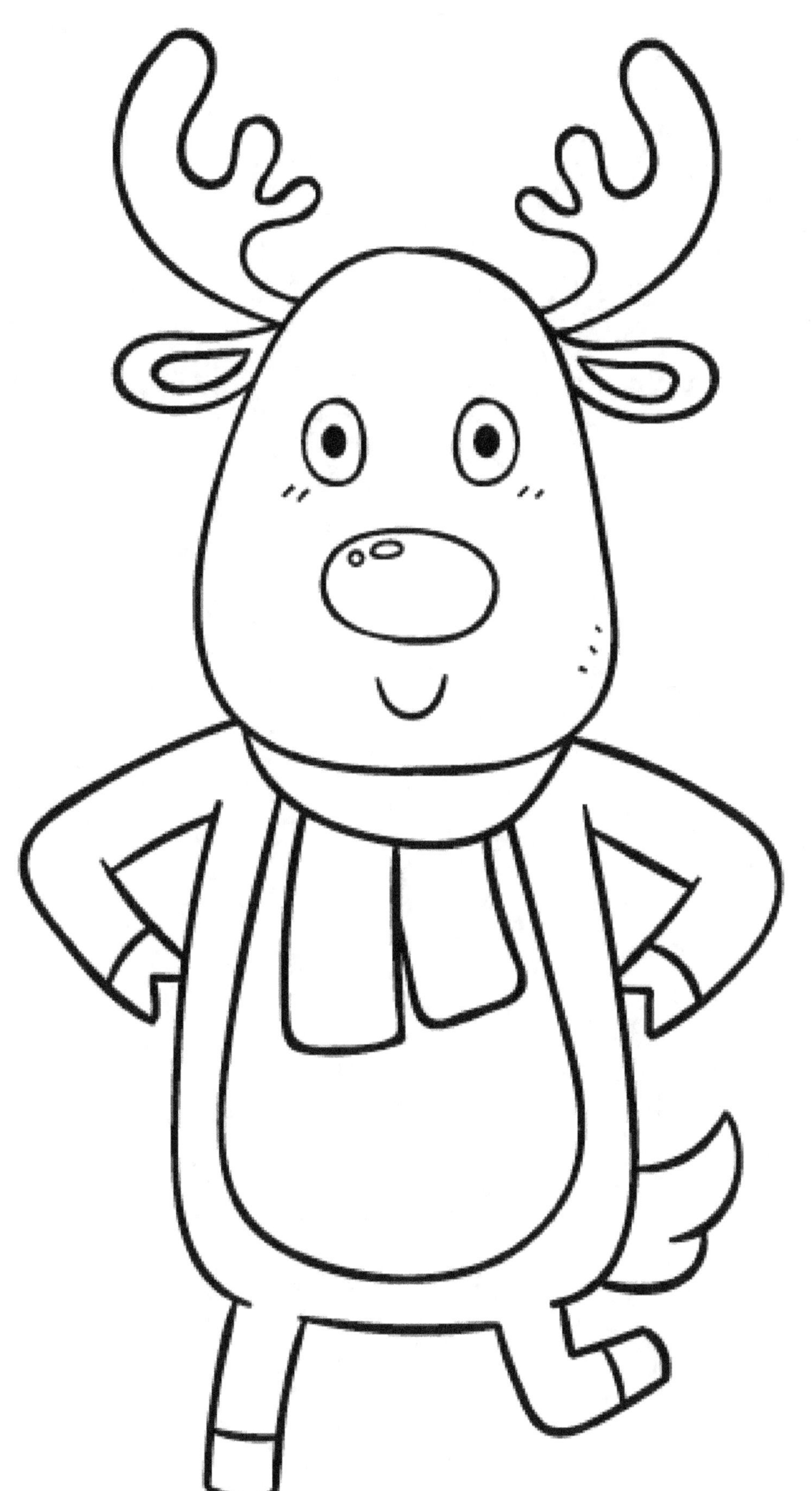

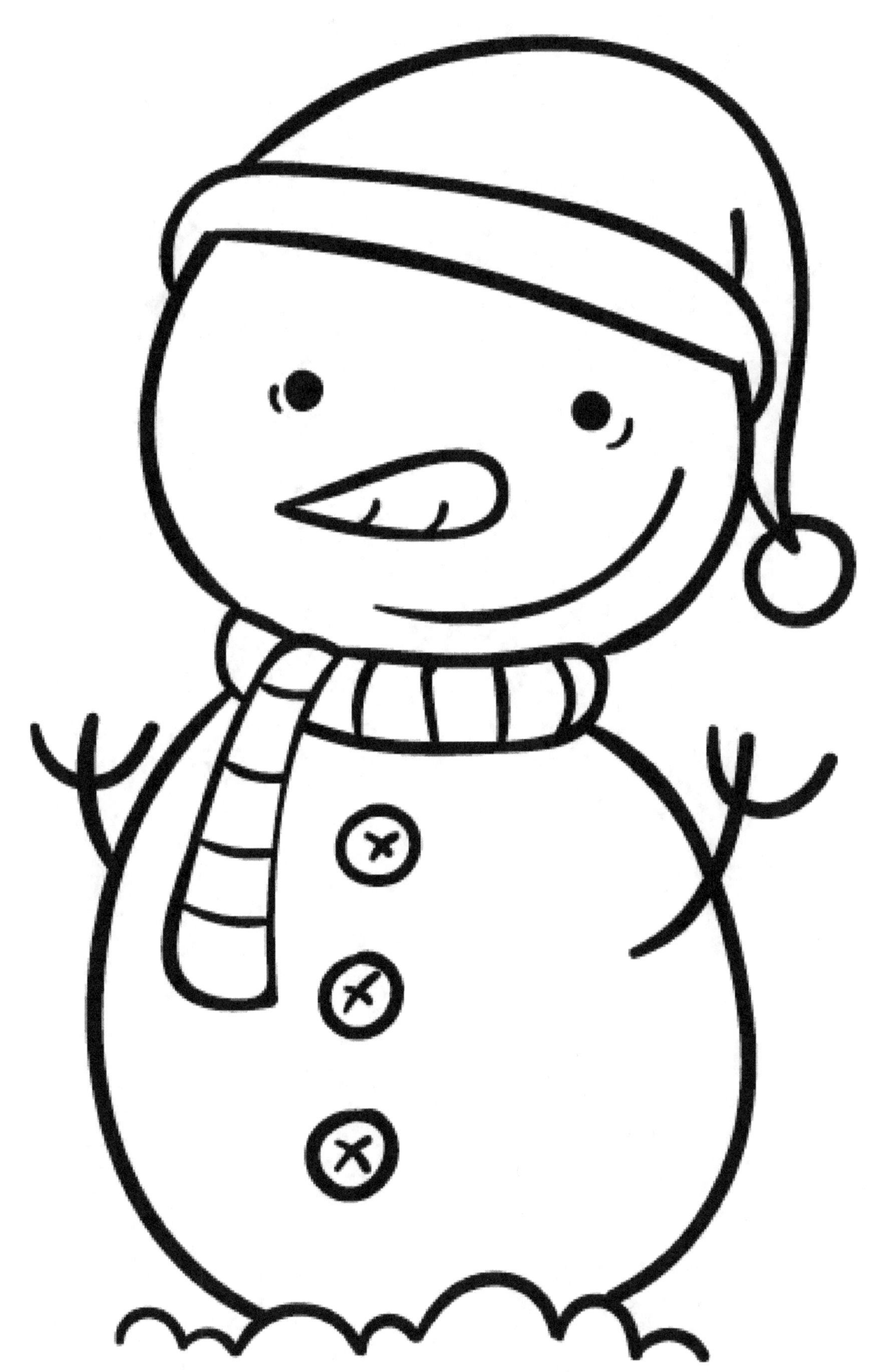

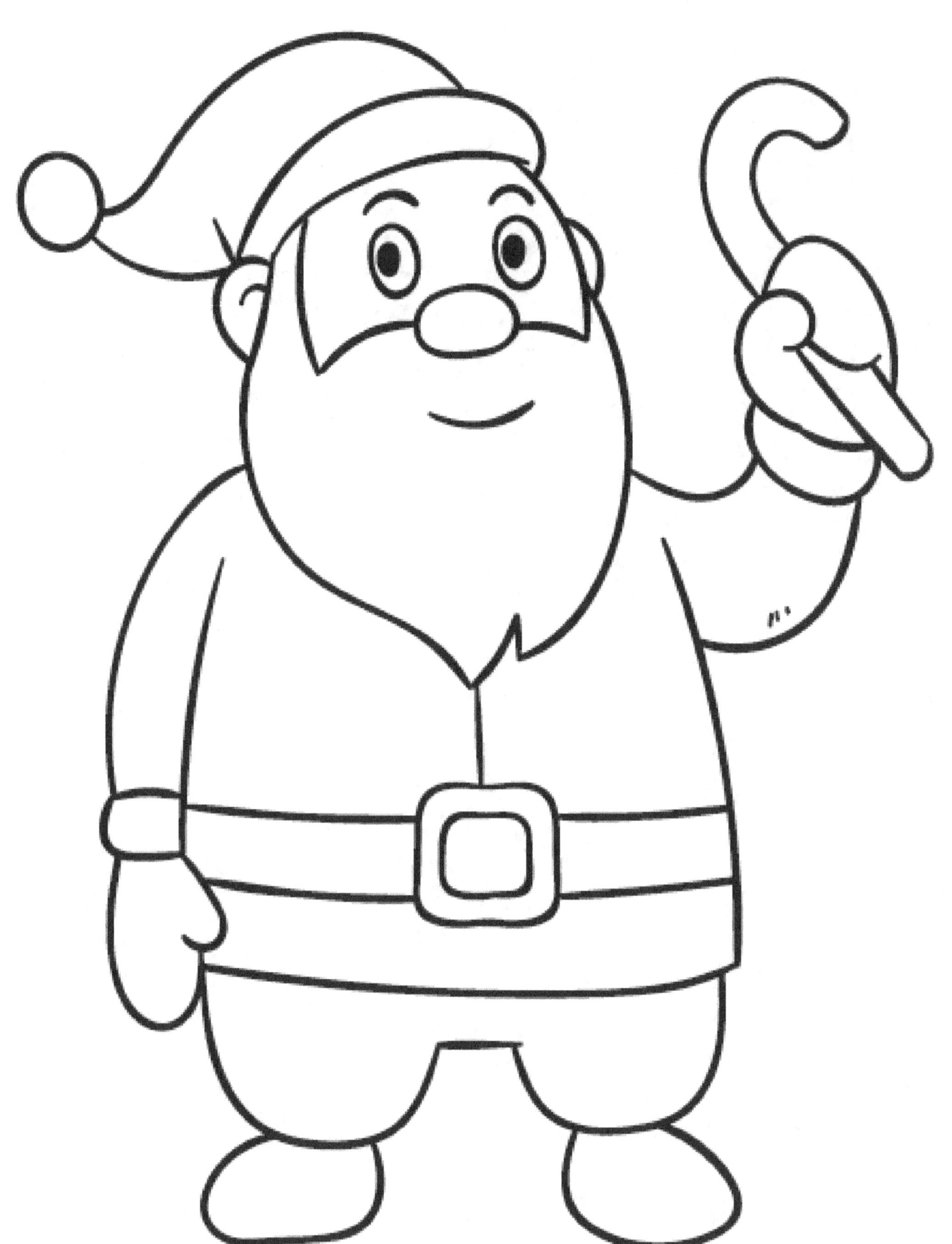

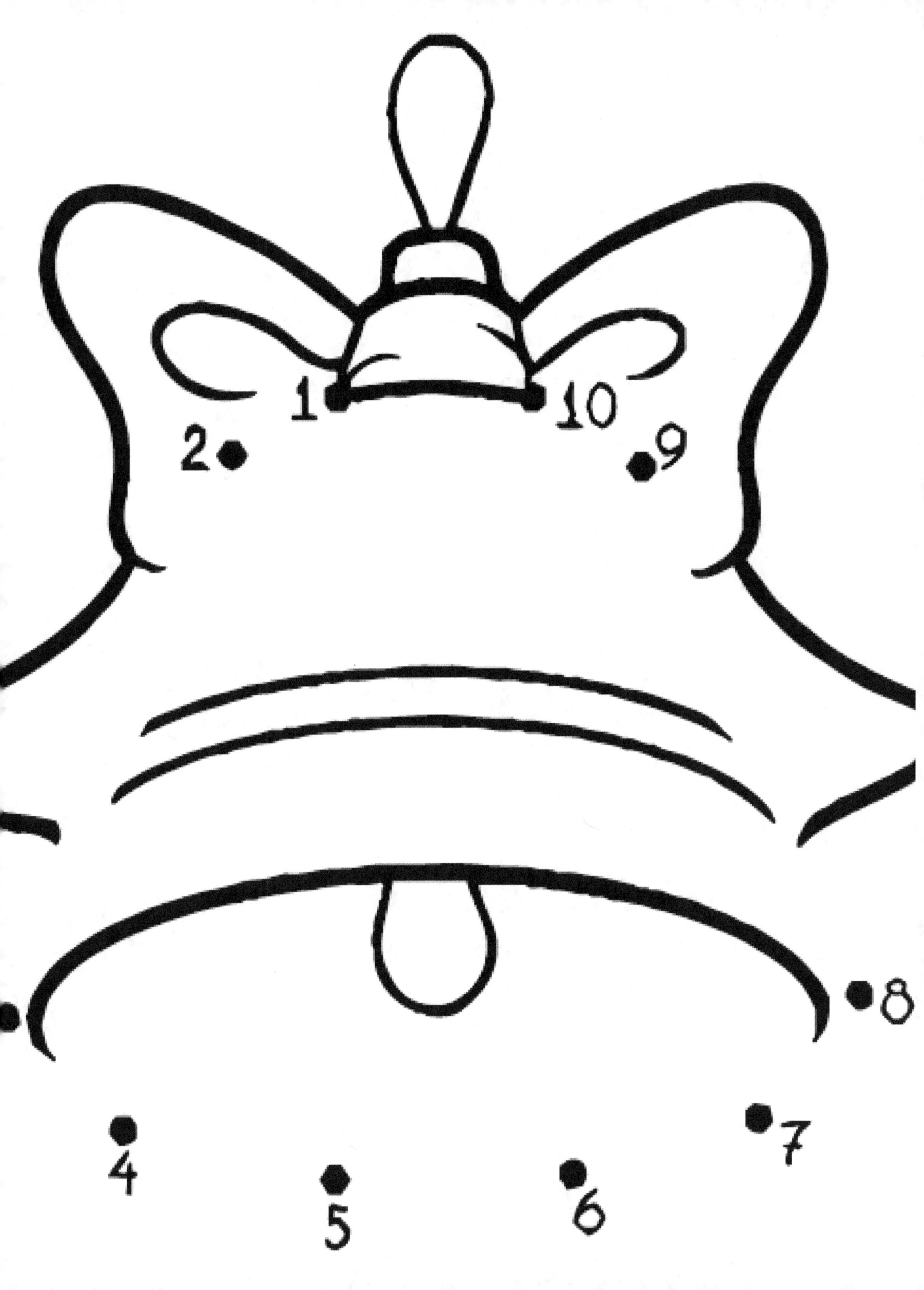
1
2
10
9
8
4
5
6
7
3

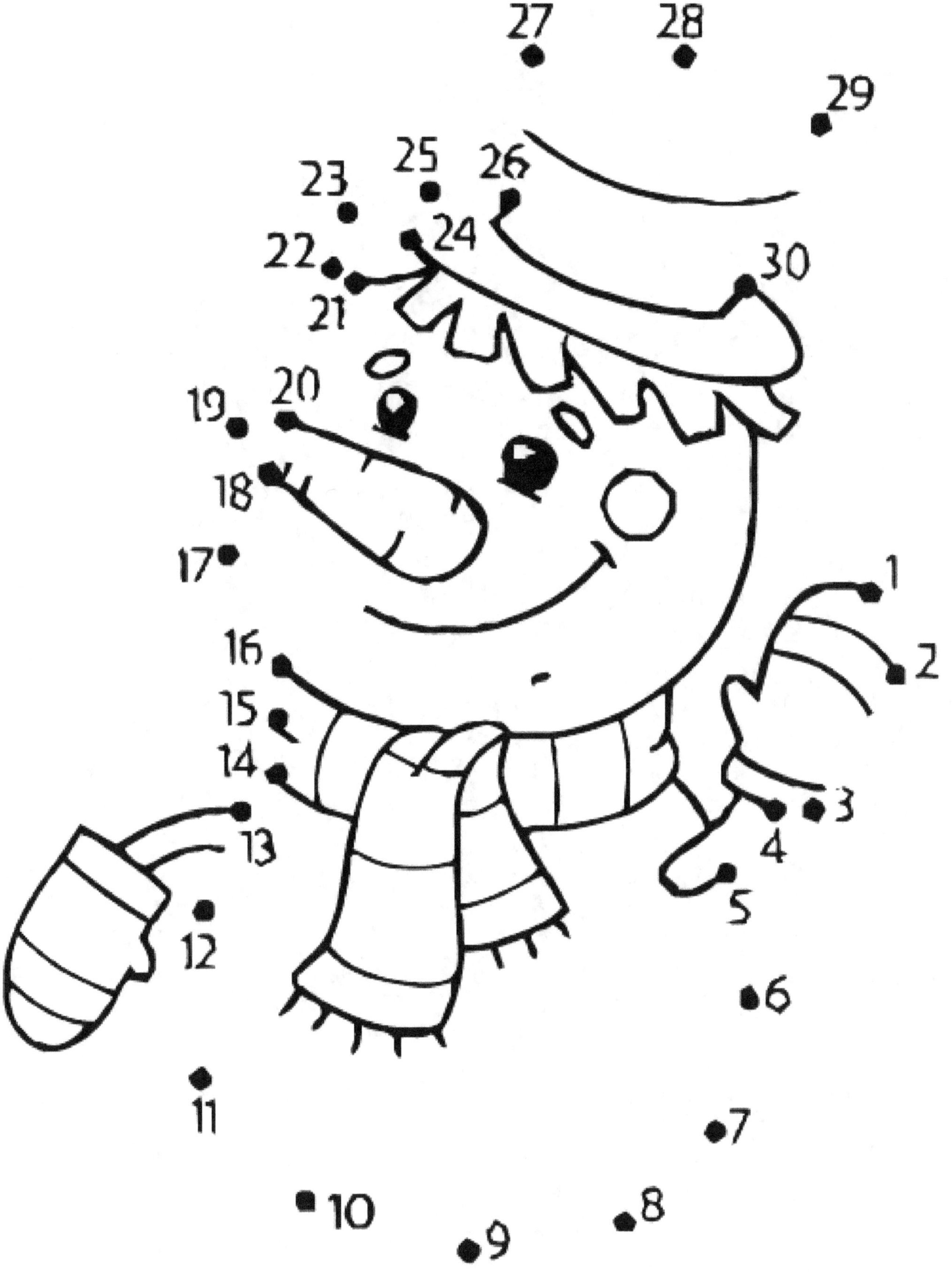

1
2
3
4
5
6
7
8
9
10
11
12
13
14
15
16
17
18
19
20
21
22
23
24
25
26
27
28
29
30

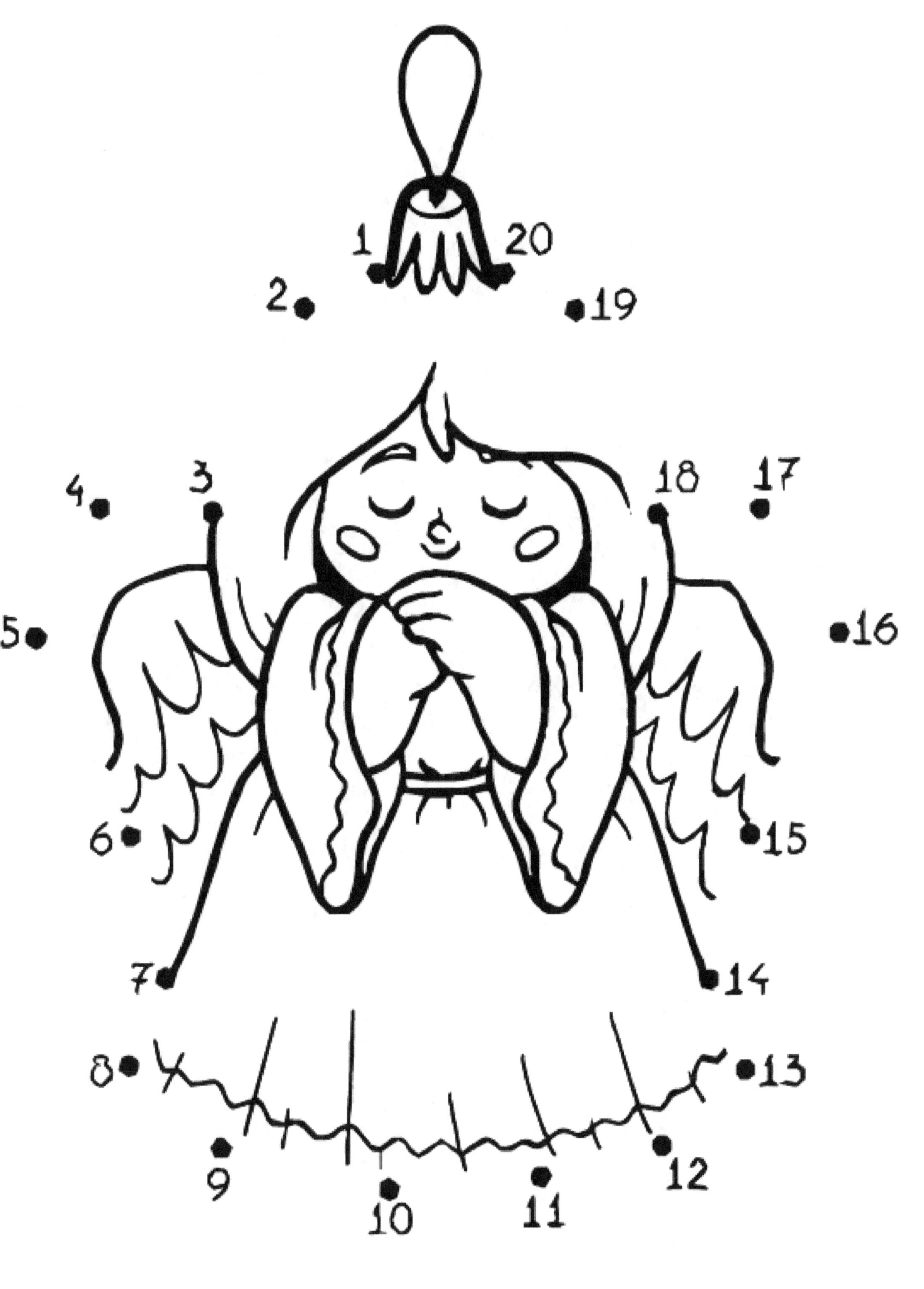

1
20
2
19
3
4
18
17
5
16
6
15
7
14
8
13
9
10
11
12

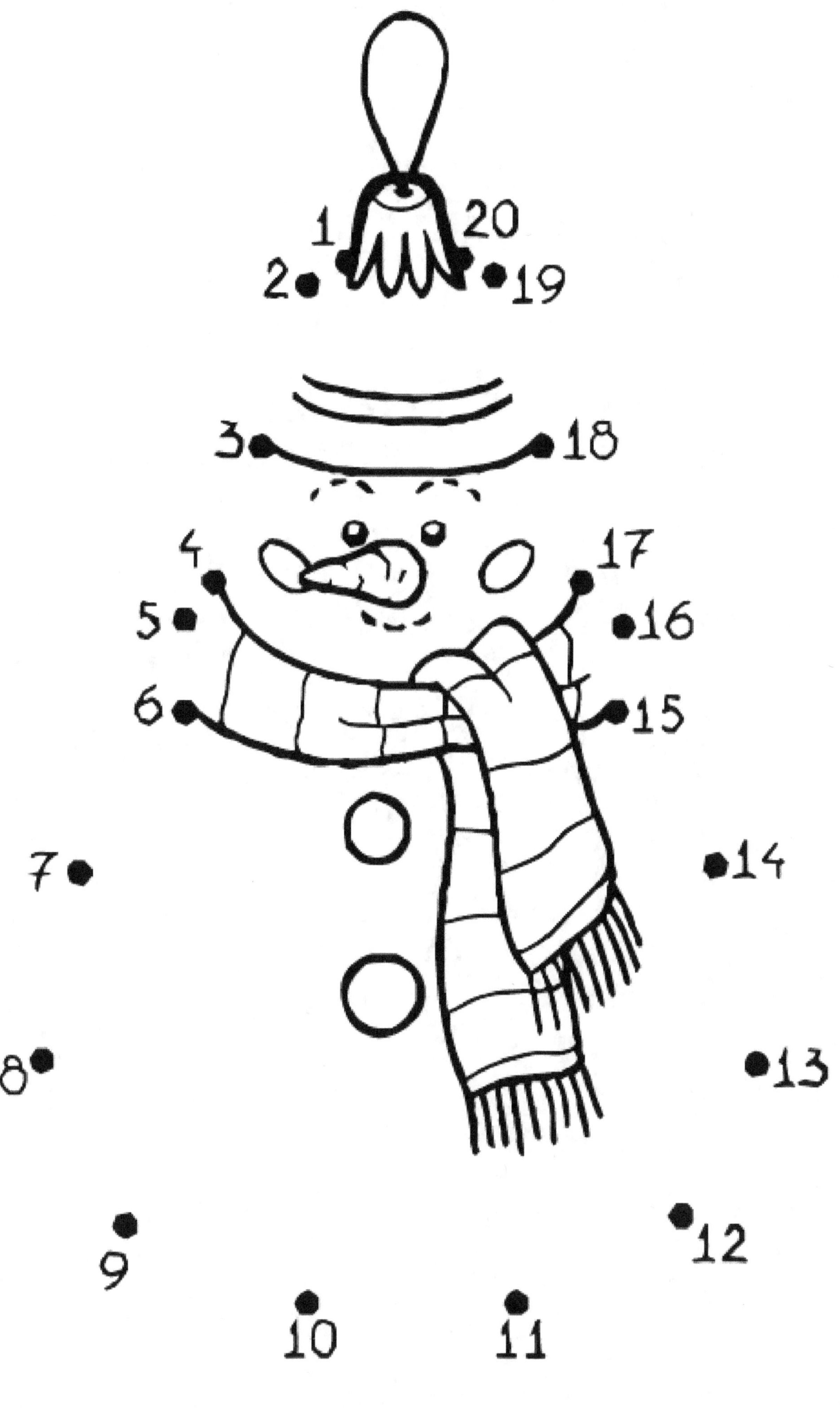

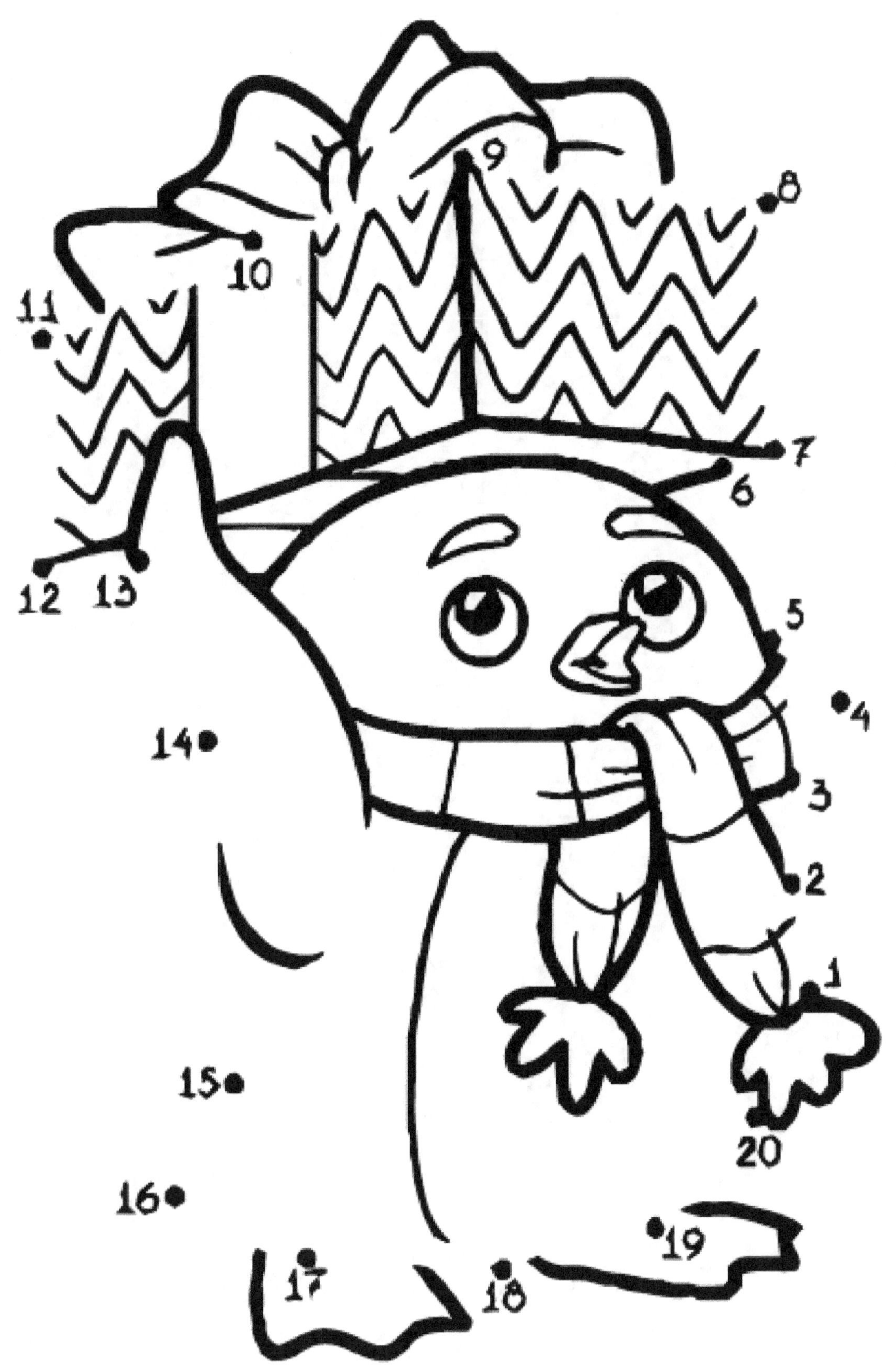

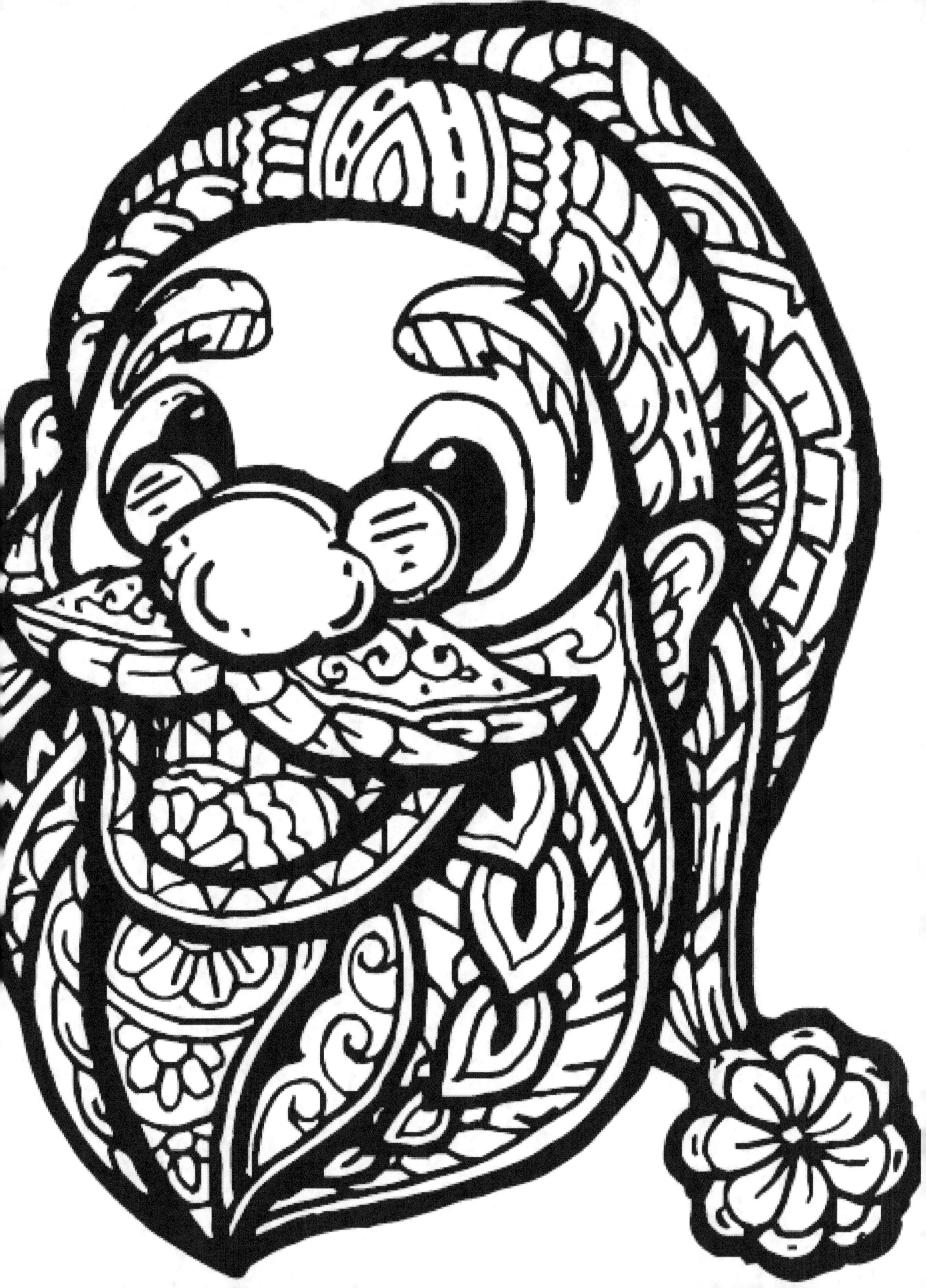

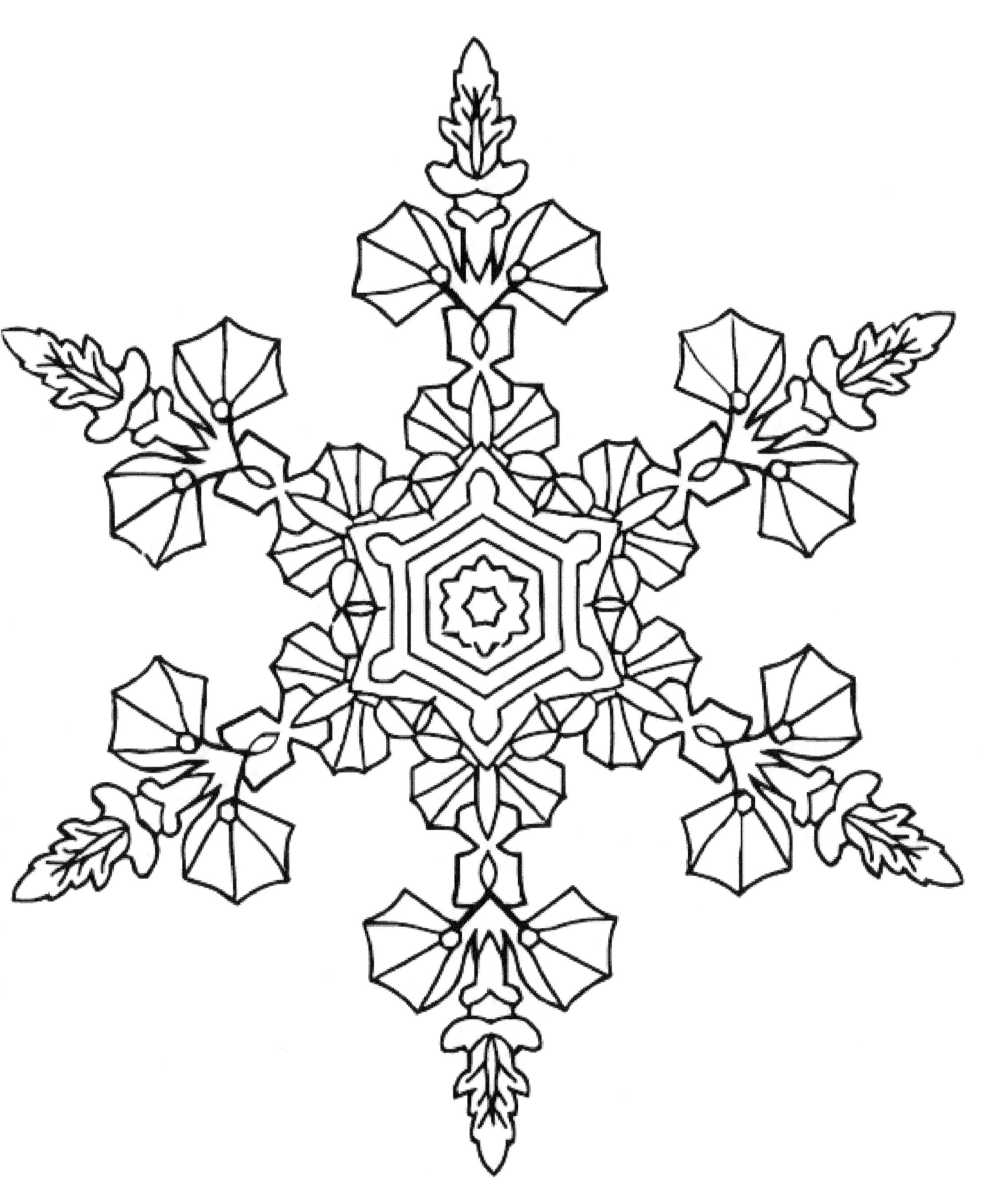

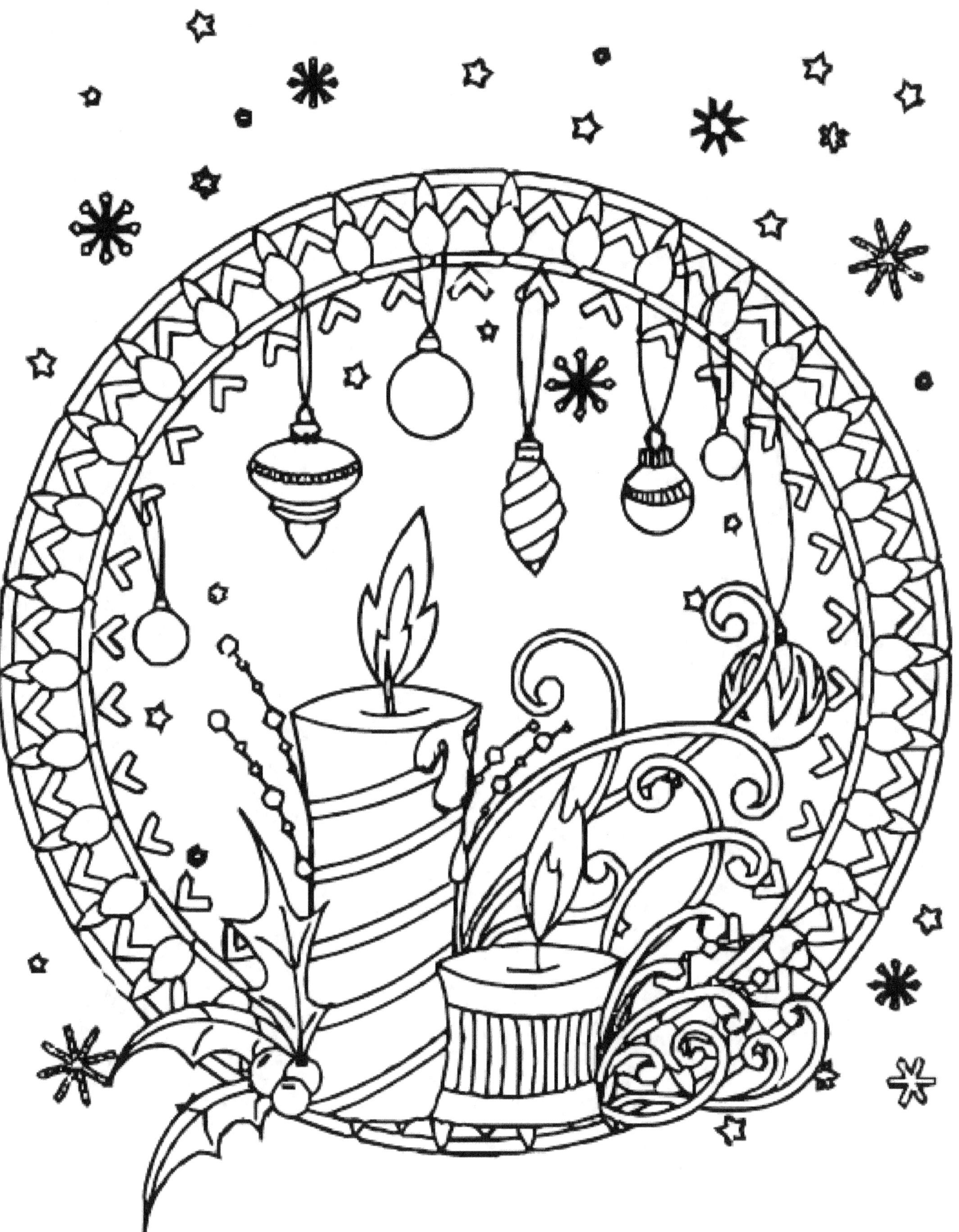

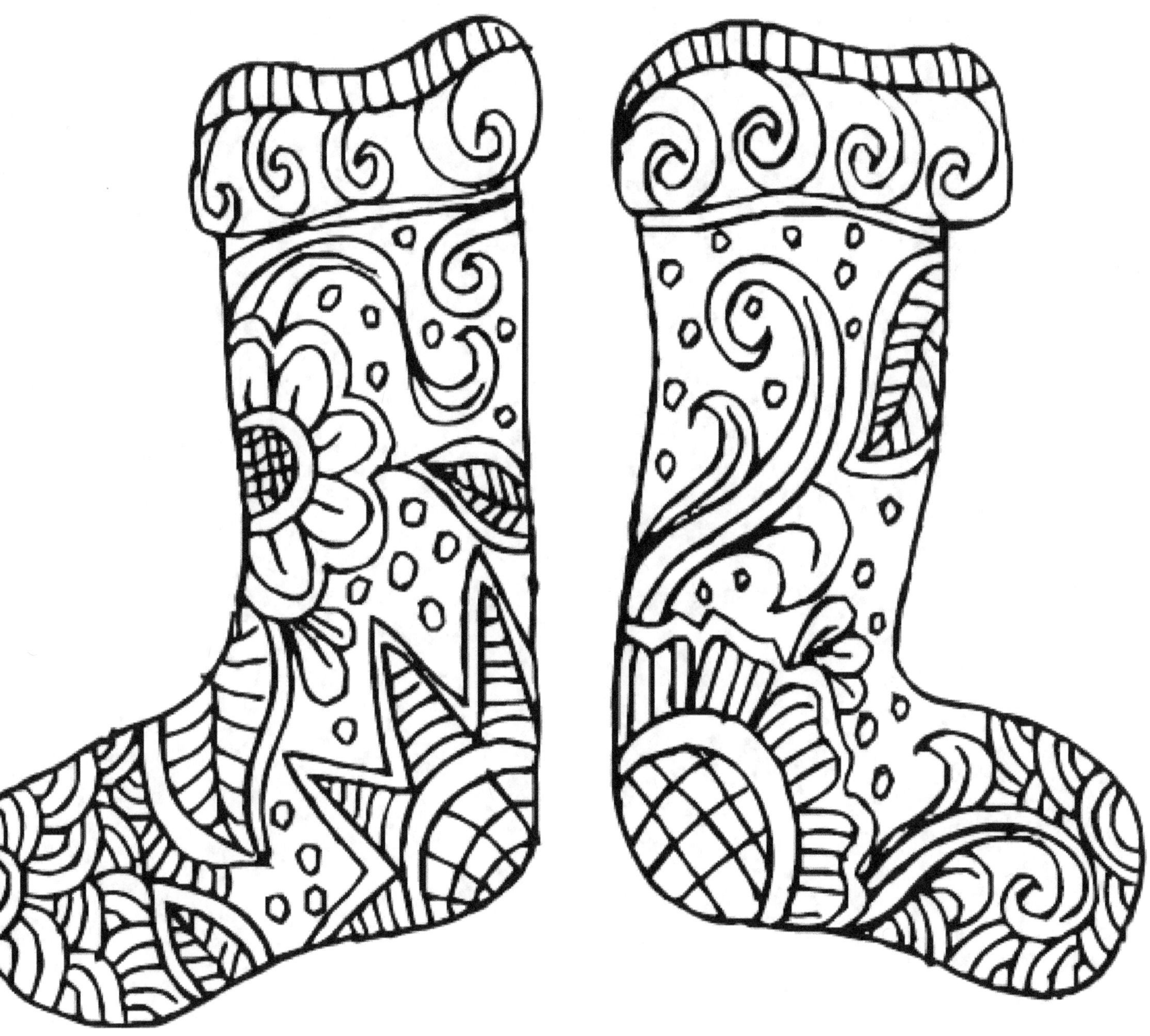

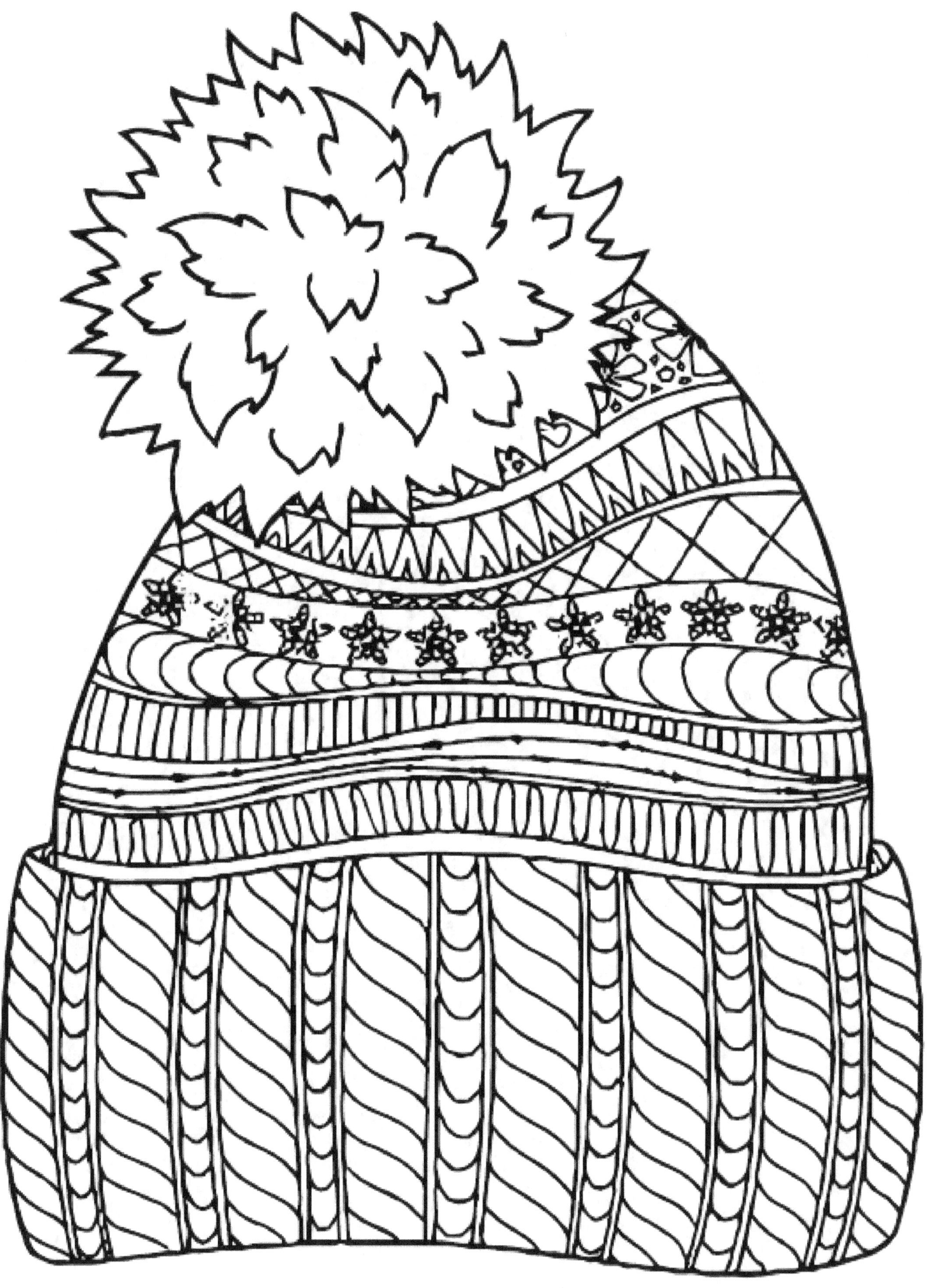

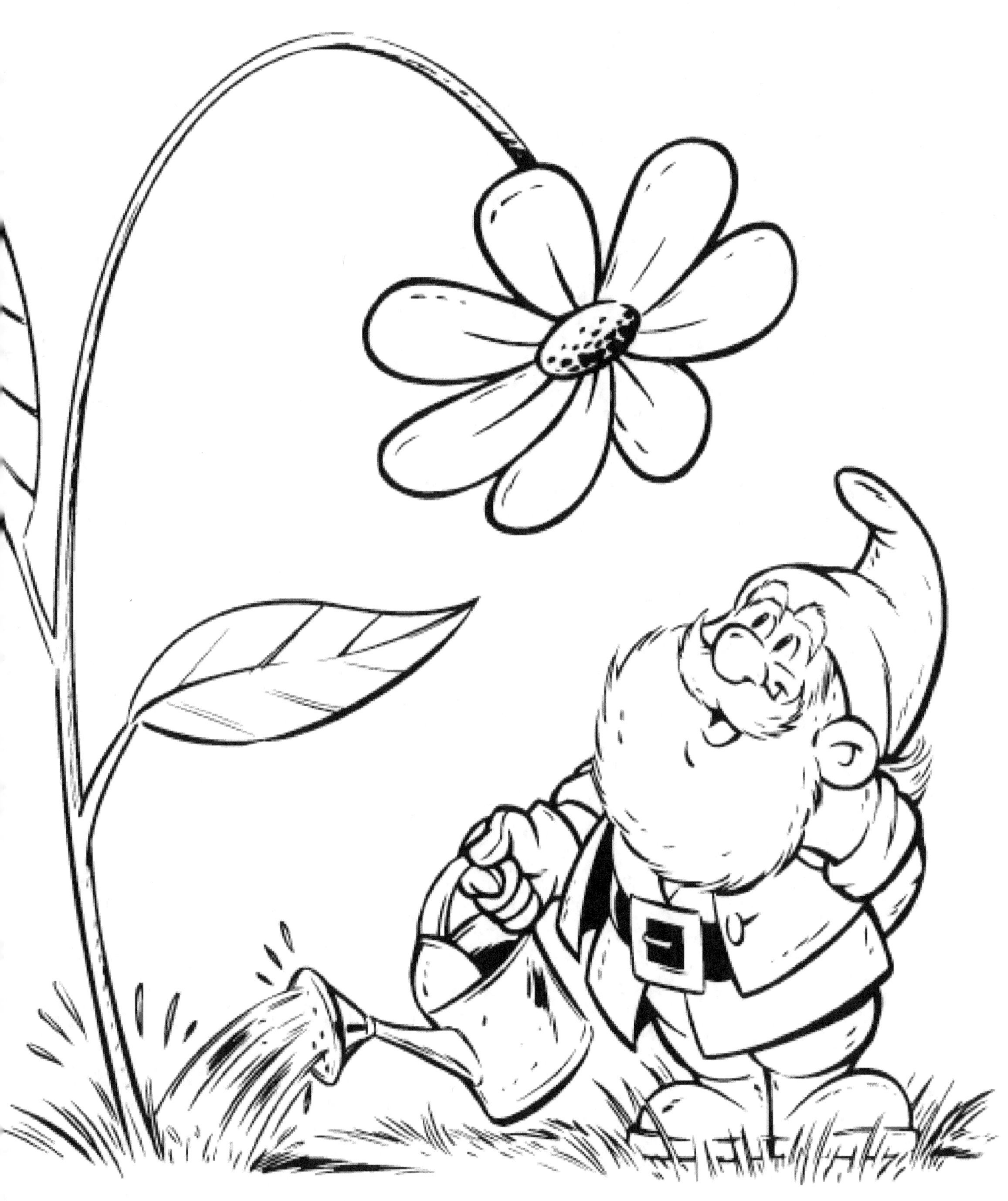

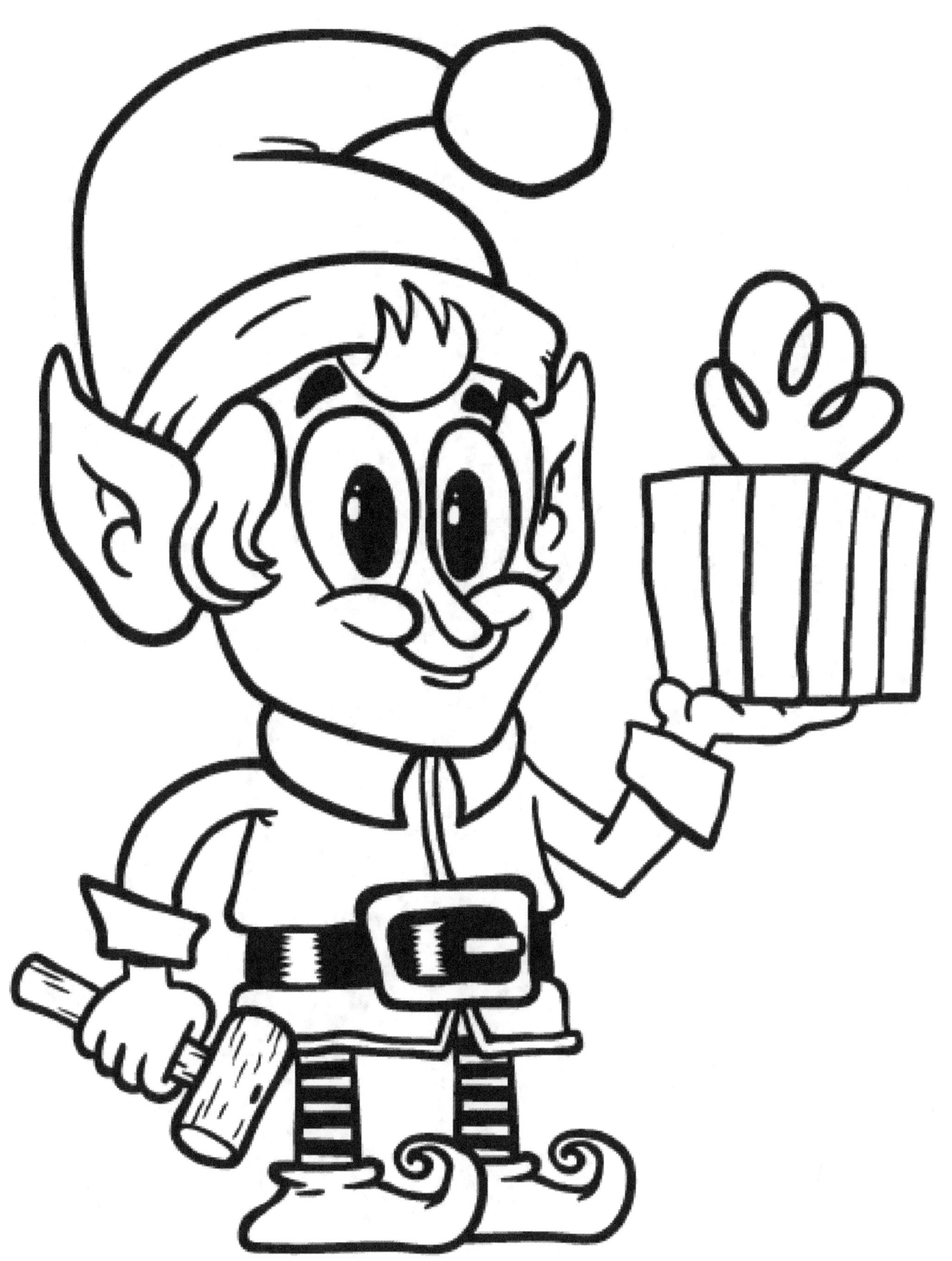

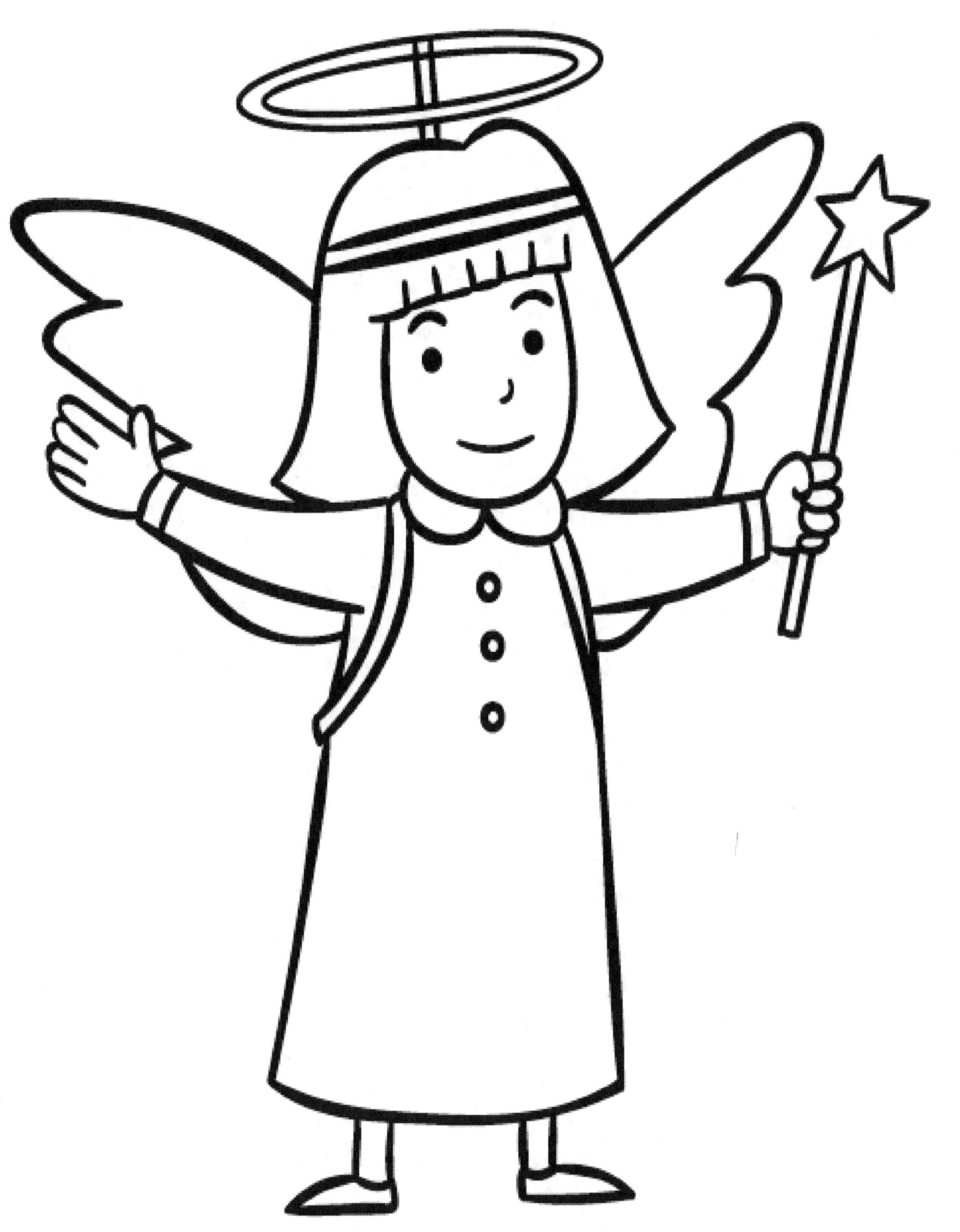

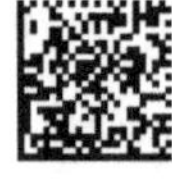